再制造外包情形下的
产品侵蚀问题及渠道策略

MANAGING COLLECTING
— OR —
REMARKETING CHANNELS

DIFFERENT CHOICE FOR CANNIBALIZATION IN
REMANUFACTURING OUTSOURCING

张　峰◎著

中国财经出版传媒集团
经济科学出版社
Economic Science Press
·北京·

图书在版编目（CIP）数据

再制造外包情形下的产品侵蚀问题及渠道策略/张
峰著 . －－北京：经济科学出版社，2023.9
ISBN 978 - 7 - 5218 - 5166 - 3

Ⅰ.①再…　Ⅱ.①张…　Ⅲ.①制造工业－废物回收－
对外承包－运营管理－购销渠道－研究　Ⅳ.①F407.4

中国国家版本馆 CIP 数据核字（2023）第 174678 号

责任编辑：李　宝　刘　瑾
责任校对：王苗苗
责任印制：张佳裕

再制造外包情形下的产品侵蚀问题及渠道策略

张　峰　著

经济科学出版社出版、发行　新华书店经销
社址：北京市海淀区阜成路甲 28 号　邮编：100142
总编部电话：010 - 88191217　发行部电话：010 - 88191522
网址：www.esp.com.cn
电子邮箱：esp@ esp.com.cn
天猫网店：经济科学出版社旗舰店
网址：http://jjkxcbs.tmall.com
北京联兴盛业印刷股份有限公司印装
710 × 1000　16 开　11 印张　150000 字
2023 年 9 月第 1 版　2023 年 9 月第 1 次印刷
ISBN 978 - 7 - 5218 - 5166 - 3　定价：48.00 元
（图书出现印装问题，本社负责调换。电话：010 - 88191545）
（版权所有　侵权必究　打击盗版　举报热线：010 - 88191661
QQ：2242791300　营销中心电话：010 - 88191537
电子邮箱：dbts@ esp.com.cn）

前言

　　随着资源短缺和环境恶化日益严重，世界各国政府和企业越来越注重资源的循环利用和经济的可持续发展。再制造作为实现资源循环利用和经济可持续发展的有效途径之一，已受到业界和学术界的广泛关注。在行业实践中，原始设备制造商既要专注于新产品市场的竞争，又要有效地提升自身品牌的维护和构建，因而他们往往通过授权的方式将再制造业务外包给第三方再制造商。原始制造商通过再制造外包既可以减少自身设备及技术的负担，又可以分享再制造市场带来的利润。但需要指出的是，再制造外包策略下的再制造品会对新产品市场造成严重的产品侵蚀问题。基于此，一部分原始制造商，如太阳微系统公司（Sun Microsystems）、利盟公司（Lexmark），通过对回收渠道的把控来有效应对第三方再制造商的再制造品侵蚀问题；与之相对应的是，另一部分原始制造商，如苹果（Apple）、惠普（Hewlett - Packard）和博世工具（Bosch Tools），则通过对再制造品销售渠道的把控来有效应对第三方再制造商的再制造品侵蚀问题。

　　为促进再制造行业的健康发展，近年来，各国政府纷纷制定相关的政策法规进行引导。这些政策法规中，尤其以基于市场机制和基于行政命令机制两类环境规制政策为主。自20世纪90年代开始，基于市场机制的规制政策逐步出现，包括碳排放限额、碳排放权交易等。例如，欧盟颁布的温室气体排放交易机制（European Union emissions trading scheme，EU – ETS）和我国正在施行的《碳排放权交易管理办法（试行）》，对企业强制规定碳排放量，约束企业的生产决策。基于行政命令的环境规制政策，例如，欧盟的 WEEE（waste electrical and electronic equipment）指令、日本的家用电器回收法则和我国的《生产者责任延伸制度推行方案》，都对制造企业和回收企业规定了具体的回收和循环再利用的目标。这两类政策法规对企业再制造策略选择和盈利能力会产生怎样的影响？同时，再制造的决策主体在各种政策法规下如何规划最优策略？这些都是再制造外包方面研究的热点。基于上述实践背景，本书聚焦于原始制造商可采取两种不同的渠道把控策略——回收渠道策略和再营销渠道策略，并分别从经济绩效和环境效益的角度研究两种不同渠道策略下的再制造运作管理问题。

全书分为6章，具体结构安排如下：

第1章为绪论，阐述了本书的研究背景与研究意义、研究问题与研究内容、研究思路与研究方法以及本书的主要贡献与创新。

第2章为文献综述，梳理再制造渠道策略、再制造产品侵蚀问题、原始制造商与再制造商的竞争关系和规制政策下的运作策略等方面的相关研究成果，为后续章节的模型构建和分析奠定坚实的理论基础。

第3章研究无规制情形下原始制造商应对再制造外包的产品侵蚀问题和渠道策略，首先构建一个由原始制造商与再制造商组成的供应链模型，其次通过模型求解和数值分析，探讨不同渠道策略选择对再制造供应链经济效益和环境效益的影响。

　　第 4 章研究碳排放规制下再制造外包的产品侵蚀问题和渠道策略，探讨原始制造商不同渠道策略选择应对再制造侵蚀问题的有效性，并进一步分析自主减排投资对企业的再制造决策、收益和环境的影响。

　　第 5 章研究回收规制下再制造外包的产品侵蚀问题和渠道策略，通过构建无规制情形和回收规制情形下再制造外包的策略模型，运用优化方法得到各种情形下决策双方的最优策略方案和边界条件，并分析回收率目标和再利用率目标对再制造水平和双方利润的影响。

　　第 6 章为研究结论与展望。

　　本书研究的创新之处如下：

　　（1）基于实践背景，分别从经济和环境的视角，探讨了原始制造商回收策略和再营销策略对其再制造外包及产品侵蚀问题的影响。基于无规制这一背景，从制造商追求利润最大化这一"理性"特征出发，提出一些新的管理启示，为再制造供应链的运营研究提供了一种新的管理视角。

　　（2）基于碳交易规制情形，探讨了原始制造商回收策略和再营销策略对其再制造外包及产品侵蚀问题的影响。不同于以往的研究，本书假定原始制造商是投资减排的决策者和实施者，投资减排虽然只作用于新产品，但再制造商从再制造过程中也间接分享了投资减排的收益，因此双方的竞争合作关系变得更加复杂。此外，假设负责销售产品的一方需要向政府缴纳碳税，由于不同策略下销售再制造品的主体不同，这对模型的求解提出新的挑战，也使本书的研究更加贴近现实。新假设下的研究结论既可以为碳管制下企业制定运营策略提供参考，也可以为政府制定市场管制政策提供决策依据。

（3）基于回收规制情形，探讨了原始制造商在回收策略和再营销策略的最优决策方案及对产品侵蚀问题的影响。基于对现行回收规制政策的分析，本书将回收率和再利用率两个监管目标同时引入模型，发现这两个目标参数对再制造策略的影响并不同步，原始制造商对回收率目标更加抵制。这为电子废弃物回收责任分担政策的制定提供了参考，进一步从理论和实践层面丰富了我国废弃电器电子产品回收管理理论。

目录

第 1 章

绪　　论

1.1　研究背景与意义

1.1.1　研究背景

随着全球环境污染和资源短缺问题日益严重，各国政府和企业越来越重视资源循环利用和经济可持续发展。再制造是实现资源再生和经济可持续发展的关键措施之一。与新产品相比，再制造品能够节约成本50%，节省能源消耗60%，节能减排80%。① 为了促进再制造行业的发展，世界各国相继颁布了一系列的法规和政策进行引导。例如，欧盟颁布的WEEE指令要求生产商（包括进口商和经销商）负责对进入欧盟市场的废弃电气电子产品回收、处理，对新投放欧盟市场的电气电子产品加贴回收标志，明确规定各制造商的回收责任和循环目标；美国颁布《联邦汽车维修成本节约法案》，鼓励使用再制造汽车零部件来维护车辆，明确再制造件可以以

---

① Wang Ying. Remanufacturing to play key role in green economy [EB/OL]. China Daily，2013 – 11 – 15.

任何形式和方式进出口和使用；日本相继制定并施行《家电回收利用法》和《促进小型废弃电器电子产品循环利用法》，规范制造商参与电子产品的回收，将循环利用率标准提升至 70%~80%；中国相继出台《关于推进再制造产业发展的意见》和《关于深化再制造试点工作的通知》等政策法规，进一步推动我国再制造行业的发展，如表 1-1 所示。2021 年 7 月，国家发展改革委发布《"十四五"循环经济发展规划》。该规划强调开展再制造产业高质量发展行动，壮大再制造产业规模，引导形成 10 个左右再制造产业集聚区，培育一批再制造领军企业，实现再制造产业产值达到 2000 亿元。

表 1-1　　　　　欧盟、美国、日本和中国近年来颁布的
再制造相关政策和法律

国家及国际组织	颁布时间	名称	主要内容
欧盟	2012 年	WEEE 指令（修订版）	生产商必须在法律意义上承担支付自己报废产品回收费用的责任； 制定新的电子电气设备回收率和回收目标
美国	2015 年	联邦汽车维修成本节约法案	支持和增加再制造在联邦政府车队中的应用
日本	2001 年	家电回收利用法	鼓励政府、制造商、零售商和回收企业积极参与废旧产品的回收
	2013 年	促进小型废弃电器电子产品循环利用法	
中国	2010 年	关于推进再制造产业发展的意见	推动再制造产业重点领域的发展； 建设再制造旧件的回收体系
	2011 年	关于深化再制造试点工作的通知	

在再制造行业实际运作中，原始设备制造商（original equipment manufacturer，OEM）既要专注于新产品市场的竞争，又要有效地提升自身品牌的维护和构建，因而他们往往通过授权的方式将再制造业务外包给第三方

再制造商①，称为授权的再制造商（authorized remanufacturer，AR）。通过再制造外包的形式，OEM 不仅可以分享再制造市场带来的利润，还可以将自己的精力集中于新产品的研发与市场。② OEM 将废旧产品回收、检测及再制造业务外包给第三方已在汽车、电子等行业普遍存在。例如，路虎（Landrover）等世界著名汽车制造商自身并不从事再制造业务，而是与卡特彼勒公司（Caterpillar）达成协议，将其作为全球再制造业务的合作企业。③ 苹果公司 2015 年与富士康签署协议，授权对中国地区的废旧 iPhone 和 iPad 产品进行回收翻新。④ 大量的中小规模再制造商以此为契机，不断扩展有利可图的再制造市场，进而侵蚀新产品的市场需求，严重损害了OEM 的盈利能力。⑤ 根据高德纳咨询公司（Gartner）提供的数据资料，由于低价格再制造墨盒的冲击，2009 年全球打印机行业损失的利润超过 130 亿美元。⑥ 其中，行业领导者佳能（Canon）、利盟等公司则以第三方再制造商侵犯其专利为由提起诉讼，限制第三方再制造商的竞争。⑦

　　面对再制造外包产生的侵蚀问题，OEM 往往会选择从供应链的不同渠道采取管控策略。第一种策略从回收端进行管控，即 OEM 负责回收废旧产品，然后将再制造业务和再制造品的销售外包给 AR，从而通过管控回

---

① I Karakayali, H Emir - Farinas, E Akcali. An analysis of decentralized collection and processing of end-of-life products [J]. Journal of Operations Management, 2007, 25 (6)：1161 -1183.

② A Alshamsi, A Diabat. A reverse logistics network design [J]. Journal of Manufacturing Systems, 2015, 37 (3)：589 -598.

③ Z - B Zou, J - J Wang, G - S Deng, et al. Third-party remanufacturing mode selection：Outsourcing or authorization? [J]. Transportation Research Part E：Logistics and Transportation Review, 2016, 87：1 - 19.

④ W Yan, Y Xiong, Z Xiong, et al. Bricks vs. clicks：Which is better for marketing remanufactured products? [J]. European Journal of Operational Research, 2015, 242 (2)：434 -444.

⑤ A Atasu, J Guide, V. Daniel R, et al. So what if remanufacturing cannibalizes my new product sales? [J]. California Management Review, 2010, 52 (2)：56 -76.

⑥ V Tripathi, K Weilerstein, L Mclella. Marketing essentials：What printer OEMs must do to compete against low-cost remanufactured supplies [J]. Gartner Inc：Stamford, CT, USA, 2009.

⑦ M E Ferguson, L B Toktay. The effect of competition on recovery strategies [J]. Production and Operations Management, 2006, 15 (3)：351 -368.

收数量来应对再制造的侵蚀问题。例如，电脑制造商太阳微系统公司为了减少 AR 再制造的旧机芯，故意设定高额的授权许可费以降低再制造机芯的转售价值。① 利盟公司则通过"提前预付"计划回收自己的产品，即向参与的消费者提供购买新产品的价格优惠，以此来应对数千家第三方再制造商的"违法"再制造。② 施乐、惠普等公司也在实践中采取了同样的策略回收其废旧打印机和墨盒。第二种策略则是从销售端进行管控，即 OEM 通过严控再制造品的销售数量来应对侵蚀问题，而将废旧产品的回收和再制造业务外包给 AR。例如，苹果公司已经将再制造外包给了第三方再制造商，比如富士康和阿尔卑斯电气，其再制造的台式电脑和笔记本电脑则通过苹果授权的渠道进行销售。类似的情况也出现在电子行业的其他一些原始设备制造商身上，如惠普、博世工具和捷威电脑（Gateway）等品牌 OEM 也采取了同样的销售端控制策略。③ 这两种不同的策略分别面临废旧产品的回收约束和再制造品的销售约束，因此，从经济绩效和环境影响的角度来看，上述两种不同的渠道策略中哪一种策略更有优势是一个值得研究的议题。

再制造作为一种循环经济形式，同时会受到各种市场机制和命令控制等环境规制政策的影响。特别是，现有规制政策可分为控制型环境政策和基于市场的环境政策④⑤，哪种规制政策能促进经济与环境的双赢一直是学界争论的话题。一方面，长期以来，各国政府主要采取命令控制型环境

① N Oraiopoulos, M E Ferguson, L B Toktay. Relicensing as a secondary market strategy [J]. Management Science, 2012, 58 (5): 1022 - 1037.

② A Orsdemir, E Kemahlioglu - Ziya, A K Parlakturk. Competitive quality choice and remanufacturing [J]. Production and Operations Management, 2014, 23 (1): 48 - 64.

③ A Atasu, M Sarvary, L N Van Wassenhove. Remanufacturing as a marketing strategy [J]. Management Science, 2008, 54 (10): 1731 - 1746.

④ 汤维祺，钱浩祺，吴力波. 内生增长下排放权分配及增长效应 [J]. 中国社会科学，2016 (1): 60 - 81, 204 - 205.

⑤ 张宁，张维洁. 中国用能权交易可以获得经济红利与节能减排的双赢吗？[J]. 经济研究，2019, 54 (1): 167 - 183.

政策来配置资源和保护环境，比如通过法律和行政手段为再制造行业及企业制定回收再利用的标准和目标，如欧盟的 WEEE 指令和我国的《生产者责任延伸制度推行方案》都对制造企业和回收企业规定了具体的回收和循环再利用的目标。另一方面，20 世纪 90 年代以来，基于市场机制的规制政策逐步出现，如碳排放权交易、二氧化硫排污权交易，这些排放权交易政策在发达国家不断发展成熟，逐步成为促进再制造发展的有效经济手段。[①]

在政府规制政策下企业的再制造决策如何变化，回收策略和再营销策略是否继续有效，成为 OEM 在规制政策下面临的新问题。具体来看，在碳排放规制政策下，OEM 应如何进行减排投资？对生产者的决策及其利润有何影响？在回收规制情形下，回收目标和再利用目标如何影响 OEM 的再制造决策？不同的规制情形下，OEM 应如何应对再制造外包的侵蚀问题？这些都成为再制造领域亟须解决的问题。

结合前人的理论研究和再制造行业的实践分析，本书以再制造外包情形下的供应链为研究对象，探讨 OEM 应对再制造侵蚀的不同渠道策略，同时考虑政府的规制政策，研究碳排放规制政策和回收规制政策对企业再制造策略的影响。本书采用消费者效用理论、博弈论和供应链管理等理论、方法以及案例分析等方式，深入研究再制造外包情形下的侵蚀问题及渠道策略，旨在为政府和从事再制造的相关企业提供决策借鉴。

1.1.2 研究意义

再制造行业潜力巨大，发展再制造是实现资源循环利用和经济可持续发展的重要途径。本书针对再制造外包情形下产品侵蚀问题，考虑市场机制和命令控制等规制政策，研究不同策略选择对再制造的运营、经济和环

---

① 薛进军. 中国低碳经济发展报告（2019）[M]. 北京：对外经济贸易大学出版社，2019.

境效益的影响，为政府和再制造供应链的参与者提供决策参考。本书的研究意义主要体现在理论意义和现实意义两个方面。

（1）理论意义。再制造的运营和决策研究已成为行业和学术界关注的焦点。本书借鉴以往的研究成果，主要采用消费者效用理论、博弈论等理论和方法，探讨再制造外包情形下的产品侵蚀问题及渠道策略，丰富了再制造供应链多产品竞争和多因素影响的博弈模型理论研究，具体体现在以下几个方面。

首先，从建模的角度来看，已有的文献主要集中于废旧产品的回收或再制造品营销这两种策略的一个方面，例如拉兹和苏扎（Raz and Souza）2018 年发表的论文及其参考文献总结了现有的再制造领域的回收方式和策略[1]，石等（Shi et al.）2020 年发表的论文及其参考文献总结了再制造品的销售方式和策略[2]。本书结合前人的研究成果，综合考虑回收模式和再营销模式，并将其作为再制造外包情形下原始制造商应对产品侵蚀问题的渠道策略，对比了两种不同策略对经济和环境的影响。

其次，目前关于政府规制政策的研究正在兴起。从生产者角度来看，生产者面临着复杂决策以实现政府的规制要求，如生产决策（市场机制）、价值恢复决策（再制造）和回收决策（命令控制）。综合以上因素，本书研究了基于市场的环境政策——碳排放规制下的再制造外包供应链，以及基于命令控制的环境政策——回收规制情形下的再制造外包供应链，探讨不同规制政策对再制造决策的影响，进一步丰富了再制造供应链及运作管理的基本理论。

（2）现实意义。本书基于政府促进再制造行业发展的视角进行研究，以期为政府制定激励相关企业从事再制造运作的规制政策提供决策依据。

---

① G Raz, G C Souza. Recycling as a strategic supply source [J]. Production and Operations Management, 2018, 27 (5): 902 – 916.

② T Shi, D Chhajed, Z Wan, et al. Distribution channel choice and divisional conflict in remanufacturing operations [J]. Production and Operations Management, 2020, 29 (7): 1702 – 1719.

借鉴欧美发达国家促进再制造行业的措施和经验，我国从 2001 年起先后颁布实施了《中华人民共和国循环经济促进法》《汽车零部件再制造试点管理办法》《机电产品再制造试点工作要求》《关于推进再制造产业发展的意见》《关于深化再制造试点工作的通知》《高端智能再制造行动计划（2018～2020 年）》《"十四五"循环经济发展规划》等一系列政策法规。这些政策法规为我国再制造行业的发展提供了政策支持和制度保障，在一定程度上推进了我国再制造行业的发展。但是，这些政策法规的规定有待细化，未能发挥更好的推动作用。因此，需要进一步完善相关环境规制政策，制定详细的实施细则、行为规范和财政补贴等引导再制造行业的发展。本书的研究结论和管理启示在一定程度上可以为政府制定相关环境规制政策，推进我国再制造行业的发展提供对策建议。

1.2 研究问题与内容

再制造是实现资源再生利用和经济可持续发展的研究热点，尤其是我国再制造行业的发展目前还处于初级阶段，需要结合我国的国情和再制造行业的现状进行深入分析和研究。本书针对再制造外包情形中存在的问题，剖析原始制造商的渠道策略以及市场和环境规制政策下的再制造运营策略，为政府和环保机构制定相关政策法规提供科学依据。因此，本书的研究问题和内容可以进一步分解为：

（1）原始制造商应采取何种渠道策略来应对再制造外包的产品侵蚀问题？从经济和环境的角度来看，一种策略是否优于另外一种？

从再制造行业的实践和前人的研究来看，再制造外包情形下原始制造商往往会选择从供应链的不同渠道采取管控策略来应对产品侵蚀问题。第一种策略从回收端进行管控，即原始制造商负责回收废旧产品，然后将再制造业务和再制造品的销售外包给再制造商，从而通过控制回收数量来应对再制造的侵蚀问题。第二种策略则是从销售端进行管控，即原始制造商通过严控再制造品的销售数量来应对侵蚀问题，而将废旧产品的回收和再制造业务外包给再制造商。现有的文献鲜有关注再制造侵蚀问题，同时对于原始制造商的渠道策略往往只集中于一种。综合前人的研究成果，本书综合考虑回收策略和再营销策略，并将其扩展到市场侵蚀问题。在此基础上，本书运用这两种不同的渠道策略来研究再制造外包情形下的产品侵蚀问题，同时比较两种不同策略对均衡决策、盈利能力和环境的影响，最终回答了一种策略是否优于另外一种策略的问题。

（2）碳排放规制下原始制造商应采取何种渠道策略来应对再制造外包的产品侵蚀问题？原始制造商的减排投资如何影响企业的再制造决策和收益？

再制造是实现低碳经济的重要途径。许多企业在碳排放规制下，通过加强研发、采用新技术和新设备降低生产过程中的碳排放，不断优化自身的运营策略，获取低碳经济环境下的竞争优势。本书刻画了碳排放规制下再制造外包供应链的特性，研究碳排放规制下原始制造商的渠道选择和减排投资，并探讨初始碳配额、减排水平和回收成本等主要参数对再制造运营策略的影响。

（3）回收规制情形下原始制造商应采取何种渠道策略来应对再制造外包的产品侵蚀问题？回收目标和再利用目标如何影响原始制造商的再制造决策和双方的盈利能力？

政府的回收规制政策对企业的回收率和再利用率提出最低目标，不仅会影响新产品和再制造品的市场需求，而且最终会导致生产者盈利的变化。本书构建了无规制情形和回收规制情形下再制造的策略模型，运用优化方法得到各种情形下决策双方的最优策略方案和边界条件，并分析回收率目标和再利用率目标对再制造水平和双方利润的影响。

1.3 研究思路与方法

1.3.1 研究思路

本书聚焦再制造领域的行业实践，对再制造外包的产品侵蚀问题及规制政策下的外包策略展开研究。首先，从现实背景和文献综述两个方面界定现有相关研究的不足之处，在此基础上提出本书研究的问题和主要研究内容，并设计总体研究框架。本书主要从三个方面进行研究：首先，研究原始制造商应对再制造外包侵蚀的策略选择问题，并探讨不同的策略选择对再制造外包供应链经济效益和环境效益的影响。其次，在此基础上将研究扩展到两种不同的规制情形下，分别研究碳排放规制下的外包再制造策略和回收规制下的外包再制造策略。最后，梳理本书相关研究得出的研究结论、管理启示、研究局限与工作展望。本书研究技术路线如图 1 - 1 所示。

全书共分为 6 章，包括绪论、再制造运作策略的相关研究成果、无规制情形下再制造外包的产品侵蚀问题和渠道策略、碳排放规制下再制造外包的产品侵蚀问题和渠道策略、回收规制下再制造外包的产品侵蚀问题和渠道策略、结论与展望。

第 1 章阐述了本书的研究背景与研究意义、研究问题与研究内容、研究思路与研究方法以及本书的主要贡献与创新点。

第 2 章梳理了再制造渠道策略、再制造产品侵蚀问题、原始制造商与再制造商的竞争关系和规制政策下的供应链运作策略等方面的相关文献并进行述评，为后续章节的模型构建和分析奠定坚实的理论基础。

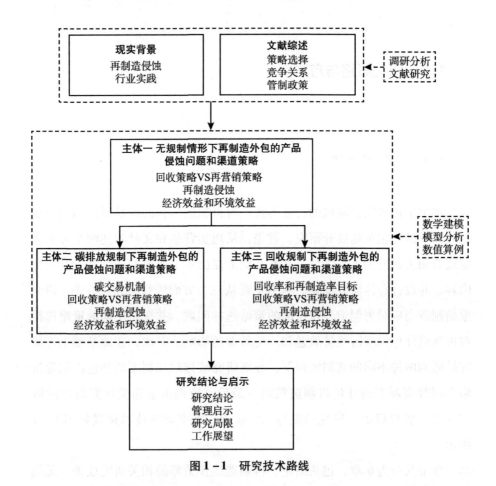

图 1-1 研究技术路线

第 3 章分别从经济效益和环境效益两个方面，探讨无规制情形下再制造外包的产品侵蚀问题和渠道策略。主要结论如下：当回收成本系数较小时，回收策略可以更好地应对产品侵蚀问题，在此策略下，原始制造商可以在市场中提供更多的新产品；而当回收成本系数适中时，与回收策略相比，再营销策略可以为原始制造商和再制造商创造双赢的结果，从而实现帕累托改进；进一步研究表明，当回收成本系数大于一定阈值时，回收策略比再营销策略更加环保；原始制造商和再制造商的盈利能力随再制造成本的增加而下降，对环境的影响则随再制造成本的增加而增加。通过与前人研究结果的对比，本书解释了原始制造商不同渠道策略的适用条件，并进一步揭示无规制情形下制造商为追求利润最大化而导致的不利影响。基于上述研究成果，本书建议再制造行业的管理者应依据回收再制造的成本结构选择激励的方式和政策。

第 4 章分别从经济效益和环境效益两个方面，探讨研究碳排放规制情形下再制造外包的产品侵蚀问题和渠道策略。通过构建碳排放规制下的再制造外包供应链模型，探讨碳排放规制下原始制造商不同策略选择对再制造侵蚀问题的有效性，并进一步分析自主减排投资对企业的再制造决策、收益和环境效益的影响。主要结论如下：首先，碳排放规制下原始制造商的两种渠道策略依然有效，即回收成本系数较小时，回收策略是应对产品侵蚀问题的最优选择；当回收成本系数适中时，再营销策略可以为原始制造商和再制造商创造双赢的结果。其次，投资减排成本的增加会提高再制造品的市场需求，造成更加严重的侵蚀效果，同时，原始制造商的利润和投资减排水平也会随之降低。最后，碳排放总额随投资减排成本的下降而减少，当回收成本不够大时，再营销策略更加环保。从环境保护的角度，本书建议政府通过补贴的方式激励企业碳排放技术的研发，降低碳减排投资的成本，从而供应更多低碳产品。

第 5 章分别从经济效益和环境效益两个方面，探讨研究回收规制情形下再制造外包的产品侵蚀和渠道策略，运用优化方法分析回收规制情形下决策双方的最优策略方案和边界条件，并探讨回收率目标和再利用率目标对再制造水平和利润的影响。主要结论如下：首先，当再制造具有成本优势时，双方会选择高于规制目标的再制造策略。其次，严格的规制目标不一定会导致更高的再制造水平。特别是当再制造具有成本优势时，回收率的提高会降低再制造水平。最后，不同模式下规制目标对双方利润的影响具有显著差异。只有当再制造成本小于一定阈值时，原始制造商才有动力支持回收率目标的提升。根据上述研究成果，本书建议政府和相关环保组织应根据不同行业特征、产品特性和再制造的成本优势等因素制定相应的回收规制政策。

第 6 章总结研究的主要内容，对相关研究结论进行梳理和讨论，然后提炼出本书研究的管理启示以及研究过程中存在的不足，并指出未来工作的方向。

1.3.2 研究方法

本书采用的研究方法包括以下几个方面。

（1）文献研究。本书梳理再制造领域的研究进展、提炼相关理论问题、构建理论框架均是采用文献分析的方法。在进行文献分析之前，首先，确定本书研究相关文献的主要来源。文献来源包括爱思唯尔（Elsevier）、墨瑞得（Emerald）、威利（Wiley）、中国知网（CNKI）、万方数据等国内外核心数据库收录的核心期刊（SCI\SSCI\CSSCI）。其次，通过谷歌学术（Google Scholar）、百度学术等搜索引擎，以及研究之门（ResearchGate）、小木虫、人大经济论坛等学术文献交流网站进行广泛搜索。再其次，采用文献计量和文献分析的方法对文献数据进行分析。最后，通过以上检索手段，对相关文献进行广泛检索、详细整理和系统归纳，然后对文献进行详细阅读和提炼，确定本书的研究问题、切入视角和研究方向，为后续的研究奠定基础并提供依据。

（2）实地调研与案例分析。对四川庞源金堂再制造基地、四川高月汽车零部件再制造有限公司、广西汽车集团有限公司、广西柳工机械股份有限公司等再制造企业进行调研，了解我国部分再制造企业的发展现状，总结了再制造外包供应链中各利益主体的关系和运营模式；以汽车和手机为例，调查消费者对再制造品的偏好程度和支付意愿；查阅政府相关部门关于环境管制、循环经济和再制造的相关政策法规，为构建不同规制政策下再制造供应链决策模型提供现实依据。

（3）数学建模方法。综合运用决策论和博弈论等方法构建再制造外包情形下的供应链博弈模型，研究原始制造商不同渠道策略对产品侵蚀、均衡决策、盈利能力和环境的影响。首先，构建无规制情形下由原始制造商和再制造商组成的 Stackelberg 博弈模型，其中，原始制造商为领导者，再制造商为跟随者。通过回收成本的二次函数、专利许可费和批发价格等参数刻画了原始制造商应对产品侵蚀问题的两种管制策略，并探讨不同渠道策略选择对产品侵蚀问题、双方利润和环境的影响。其次，通过碳交易机制和减排投资函数的刻画，构建碳排放规制下再制造外包的策略模型，探讨碳配额、减排水平等参数对均衡决策、利润和环境的影响。最后，通过引入回收率目标和再制造目标两个管制参数，构建回收规制下再制造外包的运营策略模型，并采用优化方法求出供应链主体各种情形下的最优策略方案和边界条件，探讨管制目标对各策略下均衡决策、再制造水平和企业利润的影响。

（4）模拟仿真。考虑到模型复杂，对难以直接进行理论分析的情形进行数值仿真，进一步揭示模型和命题的有效性，根据收集的数据和资料，使用 Mathematica 和 Origin 等软件进行数据分析和仿真，为研究结论和管理启示的凝练提供支撑。

1.4　主要贡献与创新

本书的创新主要体现在科学问题的凝练和研究方案的设计，包括以下三个方面。

（1）基于实践背景，分别从经济和环境视角，探讨原始制造商回收策略和再营销策略对再制造外包及产品侵蚀问题的影响。基于无规制这一背景，从"理性"制造商为追求利润最大化而忽视环境责任这一特征出发，提出新的管理启示，建议政府和相关环保组织一方面制定激励措施鼓励再制造商参与回收，另一方面颁布相关法律强制原始制造商参与回收，这为再制造供应链的运营研究提供了一种新的管理视角。

（2）探讨了碳交易规制情形下，原始制造商回收策略和再营销策略对再制造外包及产品侵蚀问题的影响。不同于以往投资减排作用于再制造品的研究假设，本书假定原始制造商是投资减排的决策者和实施者，投资减排虽然只作用于新产品，但再制造商从再制造过程中也间接分享了投资减排的收益，因此双方的竞争合作关系变得更加复杂。此外，基于行业实践，假设负责销售产品的一方需要向政府缴纳碳税，由于不同策略下销售再制造品的主体不同，这对模型的求解提出新的挑战，也使本书的研究更加贴近现实。这既为碳管制下企业制定运营策略提供参考，也为政府制定市场管制政策提供决策依据。

（3）探讨了回收规制情形下，原始制造商回收策略和再营销策略的最优决策方案及对产品侵蚀问题的影响。基于对现行回收规制政策的分析，本书将回收率和再利用率两个管制目标同时引入模型，弥补了过去大多数研究只关注回收规制目标的不足，研究发现这两个参数对再制造策略的影响并不同步，原始制造商对回收率目标更加抵制。这一结论为电子废弃物回收责任分担政策的制定提供了实践参考，进一步从理论和实践层面丰富了我国废弃电器电子产品回收管理理论。

第 2 章

再制造运作策略的
相关研究成果

本章对再制造外包情形下的渠道策略与规制政策涉及的相关文献进行
了系统地梳理与总结，为后续章节的模型构建和分析奠定坚实的基础。本
书涉及的相关研究主要包括四个方面：再制造渠道策略、再制造产品侵蚀
问题、原始制造商与再制造商的竞争关系以及规制政策下的供应链运作
策略。

2.1 再制造渠道策略研究

现有文献关于再制造渠道策略的研究主要包括两个方面：一是废旧产
品的回收策略，二是再制造品的再营销策略。

2.1.1 回收策略研究

废旧产品的回收（used cores collecting）也称为旧部件回收，主要是从

逆向供应链的角度探讨不同回收模式和渠道的优劣。①②③ 部分学者研究了不同主体承担回收的渠道选择问题④⑤，以期找出适合制造商的回收模式。例如，萨瓦斯坎等（Savaskan et al.，2004）较早讨论了原始设备制造商的三种回收模式：制造商回收、零售商回收和第三方回收，通过对比发现零售商回收模式是最优选择。⑥ 萨瓦斯坎等（2006）进一步比较了制造商直接回收和委托第三方回收这两种回收模式，并给出选择不同回收模式的条件。⑦ 与上述研究类似，阿塔苏等（Atasu et al.，2013）研究了成本结构对原始制造商不同回收渠道选择的影响，发现在某些条件下，原始设备制造商回收的策略优于第三方回收策略。⑧

上述研究只考虑回收由单一主体承担的情形，部分学者研究了存在竞争⑨⑩

① M Fleischmann, J M Bloemhof – Ruwaard, R Dekker, et al. Quantitative models for reverse logistics: A review [J]. European Journal of Operational Research, 1997, 103 (1): 1 – 17.

② B W Jacobs, R Subramanian. Sharing responsibility for product recovery across the supply chain [J]. Production and Operations Management, 2012, 21 (1): 85 – 100.

③ M Eskandarpour, E Masehian, R Soltani, et al. A reverse logistics network for recovery systems and a robust metaheuristic solution approach [J]. The International Journal of Advanced Manufacturing Technology, 2014, 74 (9): 1393 – 1406.

④ G Ferrer, J M Swaminathan. Managing new and remanufactured products [J]. Management Science, 2006, 52 (1): 15 – 26.

⑤ T Geylani, A J Dukes, K Srinivasan. Strategic manufacturer response to a dominant retailer [J]. Marketing Science, 2007, 26 (2): 164 – 178.

⑥ Savaskan, R Canan, Bhattacharya, et al. Closed-loop supply chain models with product remanufacturing [J]. Management Science, 2004, 50 (2): 239 – 252.

⑦ R C Savaskan, L N Van Wassenhove. Reverse channel design: The case of competing retailers [J]. Management science, 2006, 52 (1): 1 – 14.

⑧ A Atasu, G C Souza. How does product recovery affect quality choice? [J]. Production and Operations Management, 2013, 22 (4): 991 – 1010.

⑨ M Esmaeili, G Allameh, T Tajvidi. Using game theory for analysing pricing models in closed-loop supply chain from short-and long-term perspectives [J]. International Journal of Production Research, 2016, 54 (7): 2152 – 2169.

⑩ B T Hazen, C A Boone, Y Wang, et al. Perceived quality of remanufactured products: Construct and measure development [J]. Journal of Cleaner Production, 2017, 142: 716 – 726.

和不同权力结构下①②的回收渠道选择。例如，黄等（Huang et al.，2013）探讨了由零售商和第三方同时进行回收的竞争情形，发现双方的竞争强度会影响制造商对单渠道回收和双渠道回收的选择。③ 奥德米尔等（Orsdemir et al.，2014）进一步探讨了 OEM 与第三方再制造商竞争的情形，发现当 OEM 在再制造竞争中处于弱势地位时，会减少产品的回收数量。④ 针对回收主体的领导角色，蔡等（Choi et al.，2013）探讨了权力结构对零售商回收、回收商回收和制造商回收三种模式的影响，发现制造商主导的回收模式效果并不好，而零售商主导的回收模式可以带来最好的效果。⑤ 高等（Gao et al.，2016）考虑制造商的回收努力，分析了价格和努力依赖需求情形下不同渠道权力结构对回收决策和供应链绩效的影响，发现以制造商为主导的渠道结构并不能带来最优的效果。⑥

还有部分学者从不同角度探讨了回收策略的优势。针对外包给零售商还是第三方的问题，乔凡尼和扎克尔（Giovanni and Zaccour，2014）给出制造商选择不同外包回收策略的条件，发现当两者表现一样时，制造商更倾向选择外包给零售商。⑦ 哈勒和弗莱施曼（Hahler and Fleischmann，

① S Panda, N M Modak, L E Cárdenas - Barrón. Coordinating a socially responsible closed-loop supply chain with product recycling [J]. International Journal of Production Economics, 2017, 188: 11 -21.

② L Feng, K Govindan, C Li. Strategic planning: Design and coordination for dual-recycling channel reverse supply chain considering consumer behavior [J]. European Journal of Operational Research, 2017, 260 (2): 601 -612.

③ M Huang, M Song, L H Lee, et al. Analysis for strategy of closed-loop supply chain with dual recycling channel [J]. International Journal of Production Economics, 2013, 144 (2): 510 -520.

④ A Orsdemir, E Kemahlioglu - Ziya, A K Parlakturk. Competitive quality choice and remanufacturing [J]. Production and Operations Management, 2014, 23 (1): 48 -64.

⑤ T - M Choi, Y Li, L Xu. Channel leadership, performance and coordination in closed loop supply chains [J]. International Journal of Production Economics, 2013, 146 (1): 371 -380.

⑥ J Gao, H Han, L Hou, et al. Pricing and effort decisions in a closed-loop supply chain under different channel power structures [J]. Journal of Cleaner Production, 2016, 112: 2043 -2057.

⑦ P D Giovanni, G Zaccour. A two-period game of a closed-loop supply chain [J]. European Journal of Operational Research, 2014, 232 (1): 22 -40.

2017）建立产品分级的回收模型，探讨线上回收策略的优势和收益。[1] 拉兹和苏扎（Raz and Souza, 2018）认为回收可以为制造商带来强大的竞争优势，制造商的回收数量随着单位回收成本的降低而增加，回收能力的提高可以使制造商享有较高的市场份额和较高的利润。[2] 朱等（Chu et al., 2018）考虑回收的规模效应和网络效应，研究发现多制造商通过共享第三方回收商的模式优于其他回收模式。[3]

国内学者也从再制造产品质量、供应链的权力结构、信息分享和回收渠道等方面对废旧产品的回收模式和回收策略进行了研究。[4][5] 魏洁和李军（2005）对比研究了生产者延伸责任制（extended producer responsibility, EPR）约束下生产商负责回收、生产商联合体负责回收和第三方负责回收三种回收模式，并提出各种回收方式的适用条件。[6] 孙浩和达庆利（2009）探讨了制造商主导、回收商主导、垂直纳什均衡和集中式决策四种权力结构下的回收再制造问题，并在确定性回收量和销售量的条件下，比较分析了四种权力结构下的均衡决策。[7] 黄宗盛等（2013）构建了制造商负责回收和零售商负责回收的动态闭环供应链模型，对比分析了两种回收渠道下的最优决策，并提出制造商负责回收对制造商和零售

① S Hahler, M Fleischmann. Strategic grading in the product acquisition process of a reverse supply chain [J]. Production and Operations Management, 2017, 26（8）：1498-1511.
② G Raz, G C Souza. Recycling as a strategic supply source [J]. Production and Operations Management, 2018, 27（5）：902-916.
③ X Chu, Q Zhong, X Li. Reverse channel selection decisions with a joint third-party recycler [J]. International Journal of Production Research, 2018, 56（18）：5969-5981.
④ 公彦德, 蒋雨薇, 达庆利. 不同混合回收模式和权力结构的逆向供应链决策分析 [J]. 中国管理科学, 2020, 28（10）：131-143.
⑤ 李倩茹, 陈伟达, 杨烨. 考虑不同阶段融资的再制造产品回收定价决策 [J]. 统计与决策, 2019, 35（20）：131-143.
⑥ 魏洁, 李军. EPR下的逆向物流回收模式选择研究 [J]. 中国管理科学, 2005, （6）：18-22.
⑦ 孙浩, 达庆利. 基于不同权力结构的废旧产品回收再制造决策分析 [J]. 中国管理科学, 2009, 17（5）：104-112.

商双方都有利。① 卢荣花和李南（2016）构建了竞争环境下制造商回收和
零售商回收的供应链模型，分析不同模式下的均衡决策，并给出了制造商
最优回收渠道的选择策略。② 林贵华等（2020）研究了由制造商、零售商
和第三方构成的闭环供应链的回收渠道选择问题，探讨政府补贴对不同主
体回收策略选择的影响，并提出第三方回收是决策者在政府补贴较多时的
最优选择。③ 黄少辉等（2020）研究了由制造商、零售商和第三方组成的
闭环供应链的回收渠道选择问题，在分散决策下比较了四种不同回收渠道
的均衡决策，发现零售商和第三方以及制造商同时回收的渠道会导致制造
商和系统的收益最大化。④ 针对零售商主导的两条竞争性闭环供应链，孙
浩等（2020）探讨了制造商回收、零售商回收与第三方回收这三种回收模
式的选择问题，并研究了渠道成员的博弈均衡策略与利润分配。⑤

　　上述这些文献从回收主体的责任和回收渠道的选择等方面研究了废
旧产品的回收问题，将废旧产品的回收界定为逆向物流的一种形式，忽
略了不同回收渠道和回收成本对回收主体的制造/再制造策略的影响。因
此，本书认为不同回收渠道的选择会影响废旧产品的供给量，从源头的
角度限制了再制造品的供应量，即原始制造商可以通过回收策略来应对
再制造外包的产品侵蚀问题，这也是原始制造商应对独立再制造商的常
用方式。

---

① 黄宗盛，聂佳佳，胡培. 基于微分对策的再制造闭环供应链回收渠道选择策略 [J]. 管理
工程学报，2013，27（3）：93 – 102.
② 卢荣花，李南. 电子产品闭环供应链回收渠道选择研究 [J]. 系统工程理论与实践，
2016，36（7）：1687 – 1695.
③ 林贵华，单仁邦，陈拼博. 政府补贴下闭环供应链回收渠道的选择策略 [J]. 运筹与管
理，2020，29（4）：43 – 53.
④ 黄少辉，袁开福，何波，等. 考虑废旧品质量的闭环供应链混合回收渠道选择研究 [J].
运筹与管理，2020，29（10）：104 – 111.
⑤ 孙浩，王磊，李晨，等. 回收模式相异的零售商主导型闭环供应链竞争模型研究 [J]. 中
国管理科学，2020，28（4）：86 – 98.

2.1.2 再营销策略研究

再制造品的再营销策略（remanufactured products remarketing, 简称"再营销策略"）主要是从市场细分的角度探讨不同销售模式①和渠道②③的优劣。从新产品和再制造品的竞争角度，奥夫钦尼科夫（Ovchinnikov, 2011）在产品替代的背景下研究了消费者的决策问题，揭示了消费者在新产品和再制造品之间的转移规律。④布鲁特斯等（Bulmus et al., 2014）研究了考虑对退回产品进行再制造情形下 OEM 的定价策略，OEM 同时销售新产品和再制造品，并根据退回产品的类型来确定这两种产品的价格和利润。⑤阿格拉瓦尔等（Agrawal et al., 2015）通过消费者行为的实验，验证了再制造品的存在对新产品感知价值的影响，并发现第三方再制造品的竞争有利于提高新产品的感知价格。⑥王等（Wang et al., 2017）探讨了 OEM 通过零售商同时销售新产品和再制造产品，分析了该销售模式对双方利润和环境的影响。⑦

① R Subramanian, R Subramanyam. Key factors in the market for remanufactured products [J]. Manufacturing & Service Operations Management, 2013, 14 (2): 315 – 326.

② C – H Wu. Price and service competition between new and remanufactured products in a two-echelon supply chain [J]. International Journal of Production Economics, 2012, 140 (1): 496 – 507.

③ X Li, Y Li, X Cai. Remanufacturing and pricing decisions with random yield and random demand [J]. Computers & Operations Research, 2015, 54: 195 – 203.

④ A Ovchinnikov. Revenue and cost management for remanufactured products [J]. Production and Operations Management, 2011, 20 (6): 824 – 840.

⑤ S C Bulmuş, S X Zhu, R H Teunter. Optimal core acquisition and pricing strategies for hybrid manufacturing and remanufacturing systems [J]. International Journal of Production Research, 2014, 52 (22): 6627 – 6641.

⑥ V V Agrawal, A Atasu, K Van Ittersum. Remanufacturing, third-party competition, and consumers' perceived value of new products [J]. Management Science, 2015, 61 (1): 60 – 72.

⑦ L Wang, G Cai, A A Tsay, et al. Design of the reverse channel for remanufacturing: Must profit-maximization harm the environment? [J]. Production and Operations Management, 2017, 26 (8): 1585 – 1603.

　　部分学者则研究了再制造品的销售渠道。例如，晏等（Yan et al.，2015）认为 OEM 可以选择两种渠道来销售再制造产品，并探讨了选择直销渠道的优势和条件。① 邹等（Zou et al.，2016）进一步指出 OEM 通过再制造外包可以获得更高的利润。其中，外包再制造产品由制造商自己销售，而授权再制造产品由被授权的第三方进行销售，消费者会因为卖家的品牌效应、售后服务等更倾向于选择购买制造商自己销售的外包再制造产品。② 邹宗保等（2017）探讨了再制造品销售渠道的决策问题，研究发现通过两个零售商混合销售新产品和再制造产品是相对理想的销售渠道结构。③ 吴和周（Wu and Zhou，2019）对比分析了再制造品的两种定价策略，发现与统一定价策略相比，卖方定价策略下由第三方实施再制造有利于 OEM 和 AR 双方收益以及社会总福利的提升。④ 贾和李（Jia and Li，2020）分析了新产品和再制造品分别通过电子零售商和直销渠道销售的四种渠道组合，并探讨不同渠道选择的优势和条件。⑤

　　上述这些文献主要集中在研究再制造品的存在是否会影响新产品的感知价值及程度，忽略了原始制造商可以选择不同的渠道销售再制造品，而不同销售渠道的选择则会影响消费者对新产品和再制造品的感知价值和支付意愿，从而造成两种产品的市场需求发生变化。基于上述原因，本书认为原始制造商可以选择不同的销售渠道控制再制造品的供应数量，即通过

---

　　① W Yan, Y Xiong, Z Xiong, et al. Bricks vs. clicks: Which is better for marketing remanufactured products? [J]. European Journal of Operational Research, 2015, 242（2）: 434 – 444.

　　② Z – B Zou, J – J Wang, G – S Deng, et al. Third-party remanufacturing mode selection: Outsourcing or authorization? [J]. Transportation Research Part E: Logistics and Transportation Review, 2016, 87: 1 – 19.

　　③ 邹宗保，王建军，邓贵仕. 再制造产品销售渠道决策分析 [J]. 运筹与管理，2017, 26（6）: 1 – 9.

　　④ X Wu, Y Zhou. Buyer-specific versus uniform pricing in a closed-loop supply chain with third-party remanufacturing [J]. European Journal of Operational Research, 2019, 273（2）: 548 – 560.

　　⑤ D Jia, S Li. Optimal decisions and distribution channel choice of closed-loop supply chain when e-retailer offers online marketplace [J]. Journal of Cleaner Production, 2020, 265: 1 – 13.

再制造品再营销的渠道策略同再制造商进行竞争。

借鉴并扩展再制造品营销模式和营销渠道的研究，同时结合回收渠道和回收策略的研究，本书凝练出原始制造商在面对外包再制造品侵蚀时的两种渠道策略，回收废旧产品和销售再制造品，即回收策略和再营销策略。

2.2 再制造产品侵蚀问题研究

侵蚀效应（cannibalization effect）也称为产品侵蚀问题，是指企业引入新产品时会对原有产品的销量产生替代作用（replacement effect）①，从而导致原有产品的利润受到"侵蚀"②③，已在市场营销领域得到广泛的研究④⑤。在耐用品领域，侵蚀往往表现为低质量产品对高质量产品的侵蚀，从这一角度出发，再制造品对新产品的侵蚀效应更加严重。⑥⑦

很多学者研究了再制造领域的侵蚀问题，他们认为再制造品在质量和功能上与新产品没有差异，但生产成本和销售价格更低，相对新产品拥有

---

① K Arrow. Economic welfare and the allocation of resources for invention [M]. Princeton: Princeton University Press, 1962.

② R C Feenstra, H Ma, D Marin, et al. Optimal choice of product scope for multiproduct firms under monopolistic competition [M]. Cambridge: Harvard University Press, 2009.

③ C Eckel, J P Neary. Multi-product firms and flexible manufacturing in the global economy [J]. The Review of Economic Studies, 2010, 77 (1): 188 –217.

④ K Kim, D Chhajed. Commonality in product design: Cost saving, valuation change and cannibalization [J]. European Journal of Operational Research, 2000, 125 (3): 602 –621.

⑤ A Ghose, M D Smith, R Telang. Internet exchanges for used books: An empirical analysis of product cannibalization and welfare impact [J]. Information Systems Research, 2006, 17 (1): 3 –19.

⑥ P S Desai. Quality segmentation in spatial markets: When does cannibalization affect product line design? [J]. Marketing Science, 2001, 20 (3): 265 –283.

⑦ V D R Guide, J Y Li. The potential for cannibalization of new products sales by remanufactured products [J]. Decision Sciences, 2010, 41 (3): 547 –572.

更强的竞争力，因此会严重侵蚀新产品的市场份额。当再制造品是由第三方再制造商提供时，这种侵蚀效应更加明显。马朱德和格罗内维尔德（Majumder and Groenevelt，2001）首次提出再制造商的进入会侵蚀原制造商的市场份额，但没有解释侵蚀的表现。① 基于上述研究，迪博等（Debo et al.，2005）发现，随着再制造商数量的增加，原始设备制造商的利润减少，再制造的侵蚀问题更加严重。②

此外，还有部分学者探讨了原始制造商应对再制造侵蚀的策略。例如，费尔科和塔克泰（Ferguson and Toktay，2006）考虑到再制造品对新产品销售的侵蚀，原始设备商可以选择预先回收的方式阻止独立再制造商的进入。③ 阿塔苏等（2010）研究了原始制造商开通二手市场销售再制造品的新方式，发现该策略在一定条件下可以有效地降低再制造的侵蚀作用。④ 奥拉伊奥普洛斯等（Oraiopoulos et al.，2012）研究发现，第三方的竞争虽然会带来侵蚀问题，但原始制造商可以通过重新许可的方式增加新产品的边际收入。⑤ 刘东霞和谭德庆（2014）研究了垄断制造商应对二手市场竞争的策略选择，发现再制造品对二手市场的旧产品具有侵蚀效应。⑥ 奥夫钦尼科夫等（2014）从经济和环境的角度研究了再制造对企业的影响，发现在一定条件下制造商从事再制造不会对新产品

---

① P Majumder, H Groenevelt. Competition in remanufacturing [J]. Production and Operations Management, 2001, 10（2）：125 – 141.

② L G Debo, L B Toktay, L N V Wassenhove. Market segmentation and product technology selection for remanufacturable products [J]. Management Science, 2005, 51（8）：1193 – 1205.

③ M E Ferguson, L B Toktay. The effect of competition on recovery strategies [J]. Production and Operations Management, 2006, 15（3）：351 – 368.

④ A Atasu, J Guide, V. Daniel R, et al. So what if remanufacturing cannibalizes my new product sales? [J]. California Management Review, 2010, 52（2）：56 – 76.

⑤ N Oraiopoulos, M E Ferguson, L B Toktay. Relicensing as a secondary market strategy [J]. Management Science, 2012, 58（5）：1022 – 1037.

⑥ 刘东霞, 谭德庆. 基于消费者效用模型的耐用品垄断商回购与再制造决策研究 [J]. 中国管理科学, 2014, 22（4）：134 – 141.

造成产品侵蚀，也不会对环境造成不利影响。[①] 王等（Wang et al.，2017）研究了新产品和再制造品的销售渠道策略，并用消费者的支付意愿刻画了再制造品对新产品的侵蚀效应，发现新产品和再制造品分别通过零售商和直销网络销售是制造商的最佳选择。[②] 同样使用消费者的支付意愿刻画再制造品对新产品的侵蚀效应，晏等（Yan et al.，2015）[③] 和赣等（Gan et al.，2017）[④] 研究了再制造品的销售渠道对产品侵蚀问题的影响，发现新产品和再制造品通过不同的渠道销售，可以降低再制造品的侵蚀效应。金等（Jin et al.，2023）考虑到协同生产的产品会对新产品造成蚕食，构建博弈模型研究绿色消费者规模和联合生产技术对经济和环境的影响。[⑤]

基于 2.1 节和 2.2 节的研究综述，通过对比本书研究的问题和前人的研究成果，将再制造外包的产品侵蚀问题作为本书的研究目标，并提炼出原始制造商应对侵蚀问题的两种渠道策略：回收策略和再营销策略，如表 2 - 1 所示。

① A Ovchinnikov，V Blass，G Raz. Economic and environmental assessment of remanufacturing strategies for product + service firms [J]. Production and Operations Management，2014，23（5）：744 - 761.

② L Wang，G Cai，A A Tsay，et al. Design of the reverse channel for remanufacturing：Must profit-maximization harm the environment？[J]. Production and Operations Management，2017，26（8）：1585 - 1603.

③ W Yan，Y Xiong，Z Xiong，et al. Bricks vs. clicks：Which is better for marketing remanufactured products？[J]. European Journal of Operational Research，2015，242（2）：434 - 444.

④ S - S Gan，I N Pujawan，B Widodo. Pricing decision for new and remanufactured product in a closed-loop supply chain with separate sales-channel [J]. International Journal of Production Economics，2017，190：120 - 132.

⑤ M Jin，B Li，Y Xiong，et al. Implications of coproduction technology on waste management：Who can benefit from the coproduct made of leftover materials？. European Journal of Operational Research，2023，307（3），1248 - 1259.

表 2 - 1 研究问题与文献梳理

文献	产品侵蚀问题	回收策略	再营销策略
本书	√	√	√
Savaskan et al.（2004），黄宗盛等（2013），Huang et al.（2013），Choi et al.（2013），Orsdemir et al.（2014），Hahler and Fleischmann（2017），Raz and Souza（2018），Goltsos et al.（2019），Yang et al.（2019），李倩茹等（2019），林贵华等（2020）	×	√	×
Ovchinnikov et al.（2011），Agrawal et al.（2015），Bulmus et al.（2014），Yan et al.（2015），Zou et al.（2016），邹宗保等（2017），Wang et al.（2017），Wu and Zhou（2019），Jia and Li（2020）	×	×	√
Majumder and Groenevelt（2001），Debo et al.（2005），Ferguson and Toktay（2006），Oraiopoulos et al.（2012），刘东霞和谭德庆（2014），Yan et al.（2015），Wang et al.（2016），Gan et al.（2017）	√	×	×

注：表中 × 表示研究没有涉及该问题，√ 表示研究涉及该问题。

2.3　原始制造商与再制造商的竞争关系研究

很多学者从回收/再制造策略的选择、质量选择、协调机制、信息共享和外包策略等角度研究了原始制造商应对再制造商的竞争策略。费尔科和塔克泰（Ferguson and Toktay，2006）研究了面临再制造商外部竞争时制造商的策略选择，发现当再制造成本较高时，原始制造商选择仅回收废旧产品的策略可以有效阻止独立再制造商的进入；当再制造产品成本较低时，制造商应选择主动生产再制造品同再制造商竞争。[①] 奥德米尔等

---

① M E Ferguson, L B Toktay. The effect of competition on recovery strategies [J]. Production and Operations Management, 2006, 15（3）：351 - 368.

（2014）探讨了原始制造商与第三方再制造商的竞争策略，发现当原始制造商具有竞争优势时可通过为消费者提供高质量产品同第三方进行竞争，当原始制造商处于弱势地位时则会选择降低废旧产品的回收数量来阻止第三方进行再制造，原始制造商进行再制造有利于环境保护。① 不同于上述研究，布鲁姆斯等（Bulmus et al.，2014）研究了制造商和再制造商回收策略，发现当制造商不具备再制造成本优势时，会通过减少新产品的数量来降低再制造商的回收量。② 伍颖和熊中楷（2014）研究原始制造商和再制造商的生产决策问题，发现当新产品生产成本较低时，原始制造商倾向于选择放弃或少量再制造的策略与再制造商进行竞争。③ 上述文献表明原始制造商可以通过选择回收废旧产品或从事再制造来有效阻止第三方再制造商的入侵。

考虑到大部分原始制造商缺乏再制造的技术和能力，他们往往将再制造活动外包给第三方。④ 基于上述现象，部分学者研究了 OEM 的再制造外包策略，尤其是以专利许可形式为主的授权模式。例如，邹等（Zou et al.，2016）研究了 OEM 再制造外包的策略，发现当消费者对再制造品感知价值较低时，授权再制造模式优于第三方再制造模式。⑤ 朱庆华等（2017）研究了产品专利费对再制造市场的影响，发现专利许可费的提高

① A Orsdemir, E Kemahlioglu – Ziya, A K Parlakturk. Competitivequality choice and remanufacturing [J]. Production and Operations Management, 2014, 23 (1): 48 – 64.

② S C Bulmus, S X Zhu, R Teunter. Competition for cores in remanufacturing [J]. European Journal of Operational Research, 2014, 233 (1): 105 – 113.

③ 伍颖，熊中楷. 竞争条件下制造商和再制造商的生产决策 [J]. 系统工程理论与实践，2014, 34 (2): 291 – 303.

④ Ordoobadi Sharon M. Outsourcing reverse logistics and remanufacturing functions: A conceptual strategic model [J]. Management Research News, 2009, 32 (9): 831 – 845.

⑤ Z – B Zou, J – J Wang, G – S Deng, et al. Third-party remanufacturing mode selection: Outsourcing or authorization? [J]. Transportation Research Part E: Logistics and Transportation Review, 2016, 87: 1 – 19.

不利于新产品的销售，并会提高政府的补贴。[①] 刘等（Liu et al.，2018）
探讨了原始制造商和独立的翻新商之间的竞争问题，研究发现当消费者对
翻新产品偏好不够大时，原始制造商应采用授权策略。[②] 唐飞和许茂增
（2019）研究了专利许可下的再制造供应链的协调机制，发现当原始制造
商不参与再制造时，原始制造商可以给予再制造商一定的技术支持获取更
高的专利许可费并提高自己的利润。[③] 赵等（Zhao et al.，2019）分析了不
同专利授权模式下的再制造外包问题，研究发现零售商支付固定授权费进
行再制造模式不仅能促进零售商提高服务水平，而且能促进第三方提高回
收率。[④] 周等（Zhou et al.，2020）研究了一个由原始设备制造商和两个独
立翻新商在二手市场上是否进行再制造授权的问题，发现只有当第三方翻
新商从授权中获得足够利润的时候，原始设备制造商才能够从二手市场中
获利。[⑤]

　　此外，还有部分学者从供应链结构、契约和激励设计、政府补贴等方
面研究了再制造外包的问题。金等（Jin et al.，2017）研究了正向供应链
的结构对再制造模式的影响，发现当供应链中存在主导型的供应商时，第
三方再制造的进入有利于原始制造商。[⑥] 戈什等（Goltsos et al.，2019）研
究了制造商和再制造商在不同契约下的竞争与合作，发现收益共享和一次

[①] 朱庆华，夏西强，李幻云. 政府补贴与专利费用下制造与再制造博弈模型 [J]. 系统工程
学报，2017，1（32）：8 – 18.

[②] H Liu, M Lei, T Huang, et al. Refurbishing authorization strategy in the secondary market for
electrical and electronic products [J]. International Journal of Production Economics，2018，195：198 –
209.

[③] 唐飞，许茂增. 考虑专利保护和渠道偏好的再制造双渠道闭环供应链决策与协调 [J]. 运
筹与管理，2019，28（6）：61 – 69.

[④] J Zhao, C Wang, L Xu. Decision for pricing, service, and recycling of closed-loop supply chains
considering different remanufacturing roles and technology authorizations [J]. Computers & Industrial Engi-
neering，2019，132：59 – 73.

[⑤] Q Zhou, C Meng, K F Yuen. The impact of secondary market competition on refurbishing authori-
zation strategies [J]. International Journal of Production Economics，2020，228：1 – 15.

[⑥] M Jin, J Nie, F Yang, et al. The impact of third-party remanufacturing on the forward supply
chain：a blessing or a curse？[J]. International Journal of Production Research，2017，55（22）：1 – 12.

性支付契约不仅可以有益于双方参与者，也有利于环境保护。① 郑等
（Zheng et al.，2019）从产品设计的角度探讨原始制造商与再制造商的竞
争和合作，发现在竞争条件下产品的环保设计将激励再制造商进入再制造
市场。② 黄等（Huang et al.，2019）从信息共享角度讨论了再制造商与原
始制造商的竞争问题，以缓解原始制造商对侵蚀问题的担忧。③ 夏西强和
曹裕（2020）研究了政府不同补贴策略对原始制造商和再制造商竞争的影
响，发现原始制造商采取提高单位外包再制造费用，再制造商选择降低单
位外包费用的方式转移政府补贴。④

　　不同于上述研究关注再制造商的不利影响，少数学者认为再制造商的
竞争也会有利于原始制造商。例如，阿格拉瓦尔（Agrawal et al.，2015）
通过实证研究，发现原始制造商实施再制造会导致消费者对新产品的感知
价值降低，再制造商实施再制造则会提高消费者对新产品的感知价值。⑤
该结果说明原始制造商允许再制造商进入再制造市场同原始制造商竞争反
而对其有利。通过在市场中引入环保型消费者，吴和周（Wu and Zhou，
2016）发现第三方再制造商的进入并不总是有害的，在一定条件下对无再
制造能力的原始制造商有利。⑥ 在此基础上，吴和周（2019）以中国的机
床再制造行业为例研究了同一供应商下原始制造商与第三方的竞争问题，

---

① T E Goltsos, B Ponte, S Wang, et al. The boomerang returns? Accounting for the impact of un-certainties on the dynamics of remanufacturing systems [J]. International Journal of Production Research, 2019, 57 (23): 7361 – 7394.

② X Zheng, K Govindan, Q Deng, et al. Effects of design for the environment on firms' production and remanufacturing strategies [J]. International Journal of Production Economics, 2019, 213: 217 – 228.

③ H Huang, Q Meng, H Xu, et al. Cost information sharing under competition in remanufacturing [J]. International Journal of Production Research, 2019, 57 (21): 6579 – 6592.

④ 夏西强, 曹裕. 外包再制造下政府补贴对制造/再制造影响研究 [J]. 系统工程理论与实践, 2020, 40 (7): 1780 – 1791.

⑤ V V Agrawal, A Atasu, K Van Ittersum. Remanufacturing, third-party competition, and consumers' perceived value of new products [J]. Management Science, 2015, 61 (1): 60 – 72.

⑥ X Wu, Y Zhou. Does the entry of third-party remanufacturers always hurt original equipment man-ufacturers? [J]. Decision Sciences, 2016, 47 (4): 762 – 780.

发现在特定条件下第三方进入再制造市场有利于原始制造商。①

综上所述，大部分对制造商和再制造商竞合关系的研究都关注原始制造商限制第三方的竞争策略，假设再制造商只能参与再制造部分的运作过程，视其为一个非独立的第三方。不同于上述研究，本书假设再制造商为独立的第三方，在原始制造商授权后可以参与再制造的所有运作过程。虽然也有少数文献研究了第三方再制造商独立从事所有再制造过程的问题，但其并没有考虑再制造侵蚀的问题，忽略了再制造品的营销渠道策略。

2.4　规制政策下供应链运作策略研究

"规制"一词来源于英文"regulation"或"regulatory constraint"，意为用法律、法规、制度、政策等来加以约束和制约，也可以称为"管制"或"监管"。②③ 规制政策可分为基于市场的调控政策和控制型的强制政策。国内外学者对上述两种规制政策下供应链主体的运作策略及影响进行了广泛研究，主要内容包括以下两个方面：一是基于市场机制的规制政策④，主要包括碳排放限额、碳税政策和碳排放权交易等⑤⑥⑦，视为碳排放规制

①　X Wu，Y Zhou. Buyer-specific versus uniform pricing in a closed-loop supply chain with third-party remanufacturing [J]. European Journal of Operational Research，2019，273（2）：548 – 560.

②　范庆泉. 环境规制，收入分配失衡与政府补偿机制 [J]. 经济研究，2018，53（5）：14 – 27.

③　郭春香，谭越. 规制环境下基于回收质量不确定的闭环供应链决策研究 [J]. 软科学，2018，32（10）：112 – 118.

④　国务院发展研究中心课题组，张玉台，刘世锦，等. 二氧化碳国别排放账户：应对气候变化和实现绿色增长的治理框架 [J]. 经济研究，2011，46（12）：4 – 17，31.

⑤　宋弘，孙雅洁，陈登科. 政府空气污染治理效应评估：来自中国"低碳城市"建设的经验研究 [J]. 管理世界，2019，35（6）：95 – 108，195.

⑥　段宏波，汪寿阳. 中国的挑战：全球温控目标从 2℃ 到 1.5℃ 的战略调整 [J]. 管理世界，2019，35（10）：50 – 63.

⑦　C Barragán – Beaud，A Pizarro – Alonso，M Xylia，et al. Carbon tax or emissions trading？An analysis of economic and political feasibility of policy mechanisms for greenhouse gas emissions reduction in the Mexican power sector [J]. Energy Policy，2018，122：287 – 299.

约束；二是控制型的环境政策，主要体现在回收规制方面①②③，视为回收规制约束。

2.4.1 碳排放规制下供应链运作策略研究

越来越多的学者关注碳排放限额、碳税政策和碳交易机制对供应链运作的影响，主要包括生产和定价策略、渠道选择、减排决策和协调等方面。④⑤⑥ 在产品的定价与生产计划方面，张和徐（Zhang and Xu，2013）研究了在碳限额与交易机制下企业多产品的生产决策问题，比较了碳税政策以及碳限额与交易机制对企业利润和碳排放的影响，发现碳限额与交易政策可以为企业提供更广泛的利润空间。⑦ 龚和周（Gong and Zhou，2013）研究了碳排放限额政策对企业生产计划的影响。⑧ 德雷克等（Drake et al.，2016）研究了碳限额与碳交易政策对企业技术选择和产能决策的影响，发现碳交易机制下排放价格的不确定性会带来更大的预期利润。⑨ 杜等（Du

---

① 张文彬，张理芃，张可云. 中国环境规制强度省际竞争态势及其演变：基于两区制空间 Durbin 固定效应模型的分析 [J]. 管理世界，2010 (12)：34 – 44.

② 金刚，沈坤荣. 以邻为壑还是以邻为伴？环境规制执行互动与城市生产率增长 [J]. 管理世界，2018，34 (12)：43 – 55.

③ Y Cao，Z Wang. Comparative research on carbon trading and carbon tax mechanism [J]. Theory and Practice of Finance and Economics，2015，36 (197)：97 – 102.

④ G Allan，P Lecca，P Mcgregor，et al. The economic and environmental impact of a carbon tax for Scotland: a computable general equilibrium analysis [J]. Ecological Economics，2014，100：40 – 50.

⑤ L H Goulder，A R Schein. Carbon taxes versus cap and trade: a critical review [J]. Climate Change Economics，2013，4 (3)：135 – 175.

⑥ E Haites. Carbon taxes and greenhouse gas emissions trading systems: what have we learned? [J]. Climate Policy，2018，18 (8)：955 – 966.

⑦ B Zhang，L Xu. Multi-item production planning with carbon cap and trade mechanism [J]. International Journal of Production Economics，2013，144 (1)：118 – 127.

⑧ X Gong，S X Zhou. Optimal production planning with emissions trading [J]. Operations Research，2013，61 (4)：908 – 924.

⑨ D F Drake，P R Kleindorfer，L N Van Wassenhove. Technology choice and capacity portfolios under emissions regulation [J]. Production and Operations Management，2016，25 (6)：1006 – 1025.

et al.，2016）探讨了碳限额与碳交易政策对企业生产决策的影响，发现碳交易政策在一定条件下可以降低企业的碳排放水平并促进企业生产低碳产品。[1] 何等（He et al.，2017）研究了碳交易政策下制造商作为价格制定者的最优生产决策，同时给出了管制者的最优限额决策。[2] 徐等（Xu et al.，2017）探讨了两种碳排放政策下的生产计划，并求出最优的订货量。[3] 胡培和代雨宏（2018）研究了上游制造商在不同低碳产品定价策略下的最优决策，并分析了政府补贴对最优决策的影响。[4]

部分学者研究了碳交易机制下企业的渠道选择和减排决策。[5][6] 例如，王明喜等（2010）基于我国 2020 年的减排目标，研究了企业减排投资策略，分析了当企业自主减排投资策略偏离最优减排投资策略时，采取矫正措施和经济手段对减排投资不确定性的度量和控制。[7] 杨磊等（2017）在碳交易机制下构建了制造商双渠道结构、零售商双渠道结构、集中决策结构以及制造商委托第三方进行网络渠道销售四种不同的分销结构，并对这几个模型的最优决策进行了比较。[8] 杨等（Yang et al.，2018）研究了碳排放约束下制造商的渠道选择和减排决策，发现产品属性和消费者渠道偏好

---

① S Du, W Tang, M Song. Low-carbon production with low-carbon premium in cap-and-trade regulation ［J］. Journal of cleaner production, 2016, 134: 652 – 662.

② P He, G Dou, W Zhang. Optimal production planning and cap setting under cap-and-trade regulation ［J］. Journal of the Operational Research Society, 2017, 68 (9): 1094 – 1105.

③ X Xu, W Zhang, P He, et al. Production and pricing problems in make-to-order supply chain with cap-and-trade regulation ［J］. Omega, 2017, 66: 248 – 257.

④ 胡培, 代雨宏. 基于消费者行为的低碳供应链定价策略研究 ［J］. 软科学, 2018, 8 (32): 73 – 77, 90.

⑤ W – M Ma, Z Zhao, H Ke. Dual-channel closed-loop supply chain with government consumption-subsidy ［J］. European Journal of Operational Research, 2013, 226 (2): 221 – 227.

⑥ H Liu, M Lei, H Deng, et al. A dual channel, quality-based price competition model for the WEEE recycling market with government subsidy ［J］. Omega, 2016, 59: 290 – 302.

⑦ 王明喜, 王明荣, 汪寿阳, 等. 最优减排策略及其实施的理论分析 ［J］. 管理评论, 2010, 22 (6): 44 – 49.

⑧ 杨磊, 张琴, 张智勇. 碳交易机制下供应链渠道选择与减排策略 ［J］. 管理科学学报, 2017, 20 (11): 75 – 87.

是影响制造商渠道选择的关键因素。[①] 夏等（Xia et al.，2018）探讨了碳交易机制下企业的减排和定价策略，并分析了消费者低碳偏好对供应链成员决策和利润的影响。[②] 白等（Bai et al.，2018）将碳减排纳入一个生产—订购的供应链中，分析分散式和集中式两种运营决策，结果表明分散式决策下的企业利润更高且减排水平更高。[③]

在渠道选择和协调方面，鲁力和陈旭（2014）基于碳税、碳排放限额、碳交易机制三种不同的减排政策，研究了由供应商和制造商组成的二级供应链的协调问题，并与无碳排放约束的情形进行对比。[④] 杜等（Du et al.，2015）在消费者低碳偏好下探究了批发价格契约、收益共享契约和数量折扣契约对渠道协调的影响。[⑤] 王等（Wang et al.，2016）在零售商主导和权力均衡结构下研究了批发价格契约和成本共担契约对减排水平的作用，发现与批发价格契约相比，成本共担契约能够实现供应链的协调。[⑥] 徐等（Xu et al.，2017）研究了碳限额和碳交易规制下按订单生产供应链中的双产品的生产及定价问题，发现批发价格契约和成本分担契约都可以协调整个供应链。[⑦] 陈等（Chen et al.，2020）从供应链权力结构和碳减排

---

① L Yang, J Ji, M Wang, et al. The manufacturer's joint decisions of channel selections and carbon emission reductions under the cap-and-trade regulation [J]. Journal of Cleaner Production, 2018, 193: 506 – 523.

② L Xia, T Guo, J Qin, et al. Carbon emission reduction and pricing policies of a supply chain considering reciprocal preferences in cap-and-trade system [J]. Annals of Operations Research, 2018, 268 (1): 149 – 175.

③ Q Bai, J Xu, Y Zhang. Emission reduction decision and coordination of a make-to-order supply chain with two products under cap-and-trade regulation [J]. Computers & Industrial Engineering, 2018, 119: 131 – 145.

④ 鲁力，陈旭. 不同碳排放政策下基于回购合同的供应链协调策略 [J]. 控制与决策，2014, 29 (12): 2212 – 2220.

⑤ S Du, F Ma, Z Fu, et al. Game-theoretic analysis for an emission-dependent supply chain in a 'cap-and-trade' system [J]. Annals of Operations Research, 2015, 228 (1): 135 – 149.

⑥ Q Wang, D Zhao, L He. Contracting emission reduction for supply chains considering market low-carbon preference [J]. Journal of Cleaner Production, 2016, 120: 72 – 84.

⑦ X Xu, W Zhang, P He, et al. Production and pricing problems in make-to-order supply chain with cap-and-trade regulation [J]. Omega, 2017, 66: 248 – 257.

的成本效率的角度研究碳税机制的设计问题，发现无论消费者对碳排放是否敏感，都应按照行业的类型进行区分设计。①

　　随着再制造在节能减排方面的作用越来越大，碳排放政策对再制造供应链运营管理的影响也得到了学者们的广泛关注。②③④ 耶尼帕扎尔（Yeni-pazarli，2016）建立以监管者为主导方，制造商为跟随者的博弈模型，探讨了碳税政策对企业制造/再制造及定价决策的影响。⑤ 王等（Wang et al.，2017）研究了在资本和碳排放约束下制造商的制造/再制造策略，并发现碳排放约束会激励制造商提供更多的再制造品。⑥ 柴等（Chai et al.，2018）研究碳限额与交易机制对垄断制造商从事再制造生产运营的影响，发现碳限额与碳交易机制对于再制造品的生产具有促进作用，可以提高再制造商的利润。⑦ 塔莱扎德等（Taleizadeh et al.，2018）对比分析了碳交易机制下两种不同再制造模式的优劣，发现原始制造商与再制造商共同再制造效果更好，并且同时考虑产品质量改进、碳减排投资和回收再制造更有利于实现经济和环境的双赢。⑧ 苗等（Miao et al.，2018）研究了在碳法

　　① X Chen, H Yang, X Wang, et al. Optimal carbon tax design for achieving low carbon supply chains [J]. Annals of Operations Research, 2020, 9 (1): 1-28.

　　② M Akan, B Ata, R C Savaşkan. Dynamic pricing of remanufacturable products under demand substitution: a product life cycle model [J]. Annals of operations research, 2013, 211 (1): 1-25.

　　③ X Han, H Wu, Q Yang, et al. Reverse channel selection under remanufacturing risks: Balancing profitability and robustness [J]. International Journal of Production Economics, 2016, 182: 63-72.

　　④ X Han, Q Yang, J Shang, et al. Optimal strategies for trade-old-for-remanufactured programs: Receptivity, durability, and subsidy [J]. International Journal of Production Economics, 2017, 193: 602-616.

　　⑤ A Yenipazarli. Managing new and remanufactured products to mitigate environmental damage under emissions regulation [J]. European Journal of Operational Research, 2016, 249 (1): 117-130.

　　⑥ Y Wang, W Chen, B Liu. Manufacturing/remanufacturing decisions for a capital-constrained manufacturer considering carbon emission cap and trade [J]. Journal of Cleaner Production, 2017, 140: 1118-1128.

　　⑦ Q Chai, Z Xiao, K H Lai, et al. Can carbon cap and trade mechanism be beneficial for remanufacturing? [J]. International Journal of Production Economics, 2018, 203: 311-321.

　　⑧ A A Taleizadeh, N Alizadeh-Basban, B R Sarker. Coordinated contracts in a two-echelon green supply chain considering pricing strategy [J]. Computers & Industrial Engineering, 2018, 124: 249-275.

规下解决以旧换新的再制造问题，分析了在碳交易方案下制造商的最优定价和生产决策，发现碳排放规制的引入可以促进再制造产品的销售和降低新产品的需求。① 豆等（Dou et al.，2019）研究监管者碳税政策对再制造碳减排的影响，发现只有在再制造排放强度足够低的情况下，补贴政策才能实现经济和环境效益。② 胡等（Hu et al.，2020）研究了政府碳税与碳交易对中国再制造产业的影响，发现只有当碳配额水平较高时，碳交易才能减少碳排放，同时碳税政策可以有效提高社会福利和消费者剩余。③ 杨等（Yang et al.，2020）探讨了碳交易机制下制造商回收、零售商回收和第三方回收的三种回收模式，发现再制造可以有效地提升碳减排水平并提升制造商和零售商的利润，并给出第三方回收作为最优策略的条件。④

综上所述，在碳排放规制下再制造外包策略的研究方面，大部分研究认为投资减排作用于再制造品，没有考虑原始制造商新产品的减排策略，本书假设投资减排作用于新产品，但再制造商从再制造过程中也间接分享了投资减排的收益，将双方的竞争合作关系变得更加复杂。

2.4.2 回收规制下再制造策略研究

基于 EPR 在环境管理方面的实践，很多学者研究了政府回收规制法规

---

① Z Miao, H Mao, K Fu, et al. Remanufacturing with trade-ins under carbon regulations [J]. Computers & Operations Research, 2018, 89: 253 – 268.

② G Dou, H Guo, Q Zhang, et al. A two-period carbon tax regulation for manufacturing and remanufacturing production planning [J]. Computers & Industrial Engineering, 2019, 128: 502 – 513.

③ X Hu, Z Yang, J Sun, et al. Carbon tax or cap-and-trade: Which is more viable for Chinese remanufacturing industry? [J]. Journal of Cleaner Production, 2020, 243: 1 – 35.

④ L Yang, Y Hu, L Huang. Collecting mode selection in a remanufacturing supply chain under cap-and-trade regulation [J]. European Journal of Operational Research, 2020, 287 (2): 480 – 496.

与政策对再制造供应链成员决策①②及系统效益③④的影响。部分学者研究
了单个企业从事回收活动的规制影响。例如，艾森杜兰和凯末尔（Esendu-
ran and Kemahl，2015）研究企业在回收法规管制下的回收策略，发现虽然
联合回收有利于降低运营成本，但由于"搭便车"行为的存在，企业单独
回收优于联合回收。⑤ 艾森杜兰（2016）研究了回收法规对单个制造商从
事再制造决策的影响，发现回收目标或单独的再利用目标可能会给环境带
来不利的影响。⑥

　　不同于单个成员的研究，很多学者研究了回收规制法规对供应链运作
和成员合作的影响。例如，艾森杜兰等（2017）进一步探讨了 OEM 和独
立再制造商（IR）竞争情形下，回收法规对再制造水平、消费者剩余和
OEM 利润的影响，结果表明严格的规制目标并不会提高再制造水平，当
OEM 与 IR 之间存在竞争时，消费者剩余和 OEM 利润在一定条件下会增
加。⑦ 陈等（Chen et al.，2018）探讨了在碳排放和回收规制条件下，垄断
制造商的制造/再制造和回收决策，分析了碳排放规制和更严格的回收目
标对碳排放额的影响，并发现当再制造品的碳排放强度足够高时，回收和

　　① 傅京燕，李丽莎. 环境规制、要素禀赋与产业国际竞争力的实证研究：基于中国制造业
的面板数据［J］. 管理世界，2010（10）：87 - 98，187.

　　② C Diallo, U Venkatadri, A Khatab, et al. State of the art review of quality, reliability and main-
tenance issues in closed-loop supply chains with remanufacturing［J］. International Journal of Production Re-
search, 2017, 55（5）：1277 - 1296.

　　③ M Hariga, R As'ad, Z Khan. Manufacturing-remanufacturing policies for a centralized two stage
supply chain under consignment stock partnership［J］. International Journal of Production Economics,
2017, 183：362 - 374.

　　④ V Polotski, J - P Kenne, A Gharbi. Production and setup policy optimization for hybrid manufac-
turing-remanufacturing systems［J］. International Journal of Production Economics, 2017, 183：322 -
333.

　　⑤ G Esenduran, E Kemahlioglu - Ziya. A comparison of product take-back compliance schemes［J］.
Production and Operations Management, 2015, 24（1）：71 - 88.

　　⑥ G Esenduran, E Kemahliogluziya, J M Swaminathan. Take-back legislation：Consequences for
remanufacturing and environment［J］. Decision Sciences, 2016, 47（2）：219 - 256.

　　⑦ G Esenduran, E Kemahlıoğlu - Ziya, J M Swaminathan. Impact of take-back regulation on the re-
manufacturing industry［J］. Production and Operations Management, 2017, 26（5）：924 - 944.

再制造目标的改善可能会导致环境恶化。[①] 唐等（Tang et al.，2018）基于动力电池的回收实践，研究三种单一回收渠道和三种竞争的双回收渠道下的回收策略，并刻画了参与者利润、消费者剩余、政府监管成本和节能减排效果的社会总福利指标，发现双渠道回收优于单渠道回收，且在制造商和零售商共同回收的模式下效果最优。[②] 郭春香和谭越（2018）考虑政府规制的回收率目标和不确定性的回收质量，建立了由零售商和制造商构成的闭环供应链模型，研究结果表明政府规制的实施有利于提高回收产品质量。[③] 王等（Wang et al.，2019）建立了一个由供应商（领导者）和制造商（追随者）组成的闭环供应链模型，研究了强制的再制造目标下供应链成员的最优决策，并分析了再制造目标对供应链成员的最优利润和消费者剩余的影响。[④]

还有学者从回收立法细则的角度，研究了环境规制目标的变化对企业运作的影响。例如，曹等（Cao et al.，2018）基于 EPR 研究了环境法规和政府补贴对制造商和回收商再制造策略的影响，发现政府根据实际的再制造率对再制造供应链进行适当的激励，可以提高再制造的实际回收率，促进制造业的发展。[⑤] 马扎希尔等（Mazahir et al.，2019）提出了产品再利用背景下的产品回收立法的分析框架。[⑥] 通过与欧盟 2002 年 WEEE 指令的

---

① Y Chen, B Li, Q Bai, et al. Decision-making and environmental implications under cap-and-trade and take-back regulations [J]. International Journal of Environmental Research and Public Health, 2018, 15 (4): 678 – 703.

② Y Tang, Q Zhang, Y Li, et al. Recycling mechanisms and policy suggestions for spent electric vehicles' power battery-a case of Beijing [J]. Journal of Cleaner Production, 2018, 186: 388 – 406.

③ 郭春香，谭越. 规制环境下基于回收质量不确定的闭环供应链决策研究 [J]. 软科学, 2018, 32 (10): 112 – 118.

④ Y Wang, B Y Xin, Z Wang, et al. Managing supplier-manufacturer closed-loop supply chain considering product design and take-back legislation [J]. International Journal of Environmental Research and Public Health, 2019, 16 (4): 623 – 649.

⑤ J Cao, X Zhang, L Hu, et al. EPR regulation and reverse supply chain strategy on remanufacturing [J]. Computers & Industrial Engineering, 2018, 125: 279 – 297.

⑥ S Mazahir, V Verter, T Boyaci, L N Van Wassenhove. Did europe move in the right direction one-waste legislation? [J]. Production and Operations Management, 2019, 28 (1): 121 – 139.

原始版本进行比较，发现激励措施只对不分类别的产品有积极的环境改善效果，因此建议根据不同产品类别建立不同的回收规制目标。王哲等（2019）研究了环境规制的税收细则，从再制造品征税对供应链生产决策、环境、经济和社会福利的角度出发，构建了有无再制造征税时包含政府和制造商的二阶段 Stackelberg 博弈模型[①]，发现高税收政策会导致制造商经济效益变坏、环境效益变好的"lose-win"效果。为了更好衡量立法的有效性，他们提出政府应当以经济、环境和社会效益总福利最大化为标准，决定是否对再制造品进行征税和最优税收水平。

综上所述，现有研究回收法律法规对再制造影响的文献较少，且大多只考虑回收率目标的影响，忽略了再制造率对第三方再制造商及供应链整体的影响。本书在上述文献的基础上，同时考虑回收率和再利用率两个监管目标，研究它们对再制造策略的影响是否同步，并且从环境效益来看，哪一个规制目标更加有效。

2.5　文献述评

通过对国内外相关文献综述分析可知，国内外学者主要从外包再制造策略、再制造侵蚀问题、原始制造商与再制造商的竞争关系和规制政策下的运作策略等方面对再制造供应链进行研究，研究仍存在一些不足和空白之处，主要表现在以下四个方面。

（1）国内外关于再制造外包策略的研究只考虑废旧回收渠道或再制造品销售渠道，并没有从策略的角度研究原始制造商再制造的外包模式，本书不仅关注再制造外包的侵蚀问题，而且强调原始制造商可以通过回收策

---

① 王哲，李帮义，王玥. 再制造品环境税征收政策研究［J］. 科研管理，2019，40（2）：186－198.

略和再营销策略应对再制造的侵蚀问题。

（2）对于制造商和第三方再制造商竞合关系的研究，大部分学者关注原始制造商限制第三方的竞争策略，假设再制造商只能参与再制造部分的运作过程，视其为一个非独立的第三方。与此相反，本书假设第三方再制造商为独立的第三方，在原始制造商授权后可以从事再制造的所有运作过程。虽然也有少数文献研究了第三方再制造商独立从事所有再制造过程的问题，但其没有考虑再制造侵蚀的问题，忽略了再制造品的营销渠道策略。

（3）在碳排放规制下再制造外包策略的研究方面，大部分研究认为投资减排作用于再制造品，没有考虑原始制造商新产品的减排策略，本书假设投资减排作用于新产品，但再制造商从再制造过程中也间接分享了投资减排的收益，将双方的竞争合作关系变得更加复杂。

（4）现有研究回收规制下再制造运营的文献，大多只考虑回收率目标对再制造运作的影响，忽略了再制造率对第三方再制造商及供应链整体的影响。本书在上述文献的基础上，同时考虑回收率和再利用率两个监管目标，关注它们对再制造策略的影响是否同步。

第3章

无规制情形下再制造外包的
产品侵蚀问题和渠道策略

3.1 问题提出

再制造有利于企业提高收益。据统计,再制造不仅可以帮助企业节省 40% ~65% 的生产成本,而且平均利润率可以达到20%。① 绝大部分 OEM 由于缺乏再制造的设施和能力,往往会选择将再制造业务外包给授权的 AR,例如苹果公司将手机回收再造外包给富士康公司并在中国市场重新销售,而汽车制造商路虎(Landrover)将其再制造的业务外包给卡特彼勒公司(Caterpillar)。再制造商以此为契机,不断扩展有利可图的再制造品市场,从而造成了再制造品对新产品的侵蚀问题,严重损害了原始制造商的盈利能力。

面对再制造外包产生的侵蚀问题,OEM 往往会选择从供应链的不同渠

---

① V D R Guide, J Y Li. The potential for cannibalization of new products sales by remanufactured products [J]. Decision Sciences, 2010, 41 (3): 547–572.

道采取管控策略。[1] 第一种策略从回收端进行控制，即 OEM 负责回收废旧产品，然后将再制造业务和再制造品的销售外包给 AR，从而通过控制回收数量来应对再制造的侵蚀问题。例如，电脑制造商太阳微系统公司为了减少 AR 再制造的旧机芯，故意设定高额的授权许可费以降低再制造机芯的转售价值。利盟公司则通过"提前预付"计划回收自己的产品，即向参与的消费者提供购买新产品的价格优惠，以此来应对数千家第三方再制造商的"违法"再制造。施乐、惠普等公司也在实践中采取了同样的策略回收其废旧打印机和墨盒。第二种策略则是从销售端进行控制，即 OEM 通过严控再制造品的销售数量来应对侵蚀问题，而将废旧产品的回收和再制造业务外包给 AR。例如，苹果公司已经将再制造外包给了第三方再制造商，比如富士康和阿尔卑斯电气，他们再制造的 PC 电脑和笔记本电脑则通过苹果授权的渠道进行销售。类似的情况也出现在电子行业的其他一些原始设备制造商身上，如惠普、博世工具和捷威电脑等品牌 OEM 也采取了同样的销售端控制策略。这两种不同的策略分别面临着废旧产品的回收约束和再制造品的销售约束，因此，从经济绩效和环境影响的角度来看，上述两种不同的渠道策略中哪一种策略更有优势是一个值得研究的议题。为了回答上述问题，本章构建一个由原始制造商与再制造商组成的供应链模型，原始制造商可以采取回收渠道策略和再营销渠道策略来应对再制造外包的产品侵蚀问题，探讨相关参数变化下原始制造商与再制造商的决策和利润变化，并比较了不同策略对利润和环境的影响。

　　本章具体结构安排如下：第 3.2 节为模型描述，具体阐述模型假设与模型构建情况；第 3.3 节为模型求解，采用逆向归纳法求解博弈模型；第 3.4 节为决策均衡分析，对比两种决策模型的各种变量关系，并分析回收成本系数等因素对供应链均衡结果的影响；第 3.5 节为数值分析，进一步

---

① J D Shulman, A T Coughlan, R C Savaskan. Optimal reverse channel structure for consumer product returns [J]. Marketing Science, 2010, 29 (6): 1071 - 1085.

验证求解的结论；第 3.6 节为本章小结与管理启示，总结了本章研究的发现与结果，并给出相应的管理启示。

3.2　模型描述

本章描述由单个原始制造商和单个再制造商组成的供应链，制造商将再制造业务外包给再制造商并通过两种渠道策略应对产品侵蚀问题：（1）回收策略（模型 C），原始制造商负责从消费者处回收废旧产品，而将再制造业务和再制造品的销售外包给再制造商；（2）再营销策略（模型 R），原始制造商只负责向消费者销售再制造品，而将废旧产品的回收和再制造业务外包给再制造商，如图 3 - 1 所示。

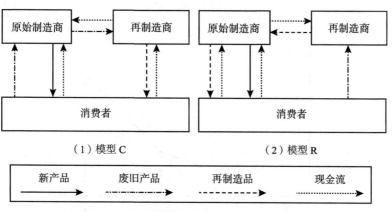

图 3 - 1　再制造外包情形下的渠道策略模型

基于上述框架，本书作出以下关键假设。

假设 1：市场总规模不变且标准化为 1。消费者购买新产品的支付意愿具有异质性，服从 $[0, 1]$ 均匀分布，使用参数 γ 表示消费者对再制造品的支付意愿。其中，$\gamma \in [0, 1]$ 作为消费者对再制造品的认可度参数，反映再制造品对新产品的替代程度。

假设 1 代表了一个垂直差异化模型，参考之前的文献[1][2]，该模型考虑了消费者对质量支付意愿的异质性。本书认为再制造品的支付意愿是新产品支付意愿的一部分，即所有对再制造品的支付意愿都低于对新产品的支付意愿。

假设新产品和再制造品定价分别为 p_n 和 p_r，市场需求分别为 q_n 和 q_r。消费者购买新产品和再制造品的效用分别为 $U_n(v) = v - p_n$ 和 $U_r(v) = \gamma v - p_r$。因此，支付意愿为 $\left[\dfrac{p_r}{\gamma}, \dfrac{p_n - p_r}{1 - \gamma}\right)$ 的消费者更愿意购买再制造品，而支付意愿为 $\left[\dfrac{p_n - p_r}{1 - \gamma}, 1\right]$ 的消费者则会购买新产品（见图 3 - 2），进而可以推导出新产品和再制造品的逆向需求函数，如式（3 - 1）和式（3 - 2）所示。

$$p_n = 1 - q_n - \gamma q_r \qquad (3 - 1)$$

$$p_r = \gamma(1 - q_n - q_r) \qquad (3 - 2)$$

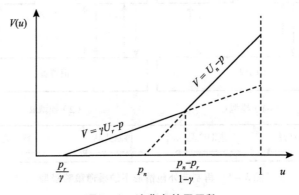

图 3 - 2　消费者效用函数

① R Subramanian, R Subramanyam. Key factors in the market for remanufactured products [J]. Manufacturing & Service Operations Management, 2013, 14 (2): 315 - 326.

② V D R Guide, J Y Li. The potential for cannibalization of new products sales by remanufactured products [J]. Decision Sciences, 2010, 41 (3): 547 - 572.

假设 2：再制造的单位成本（c_r）低于生产新产品的单位成本（c_n），即 $c_r < c_n$。

先前的文献[①][②]证实，再制造可以通过重新使用废旧零部件有效降低成本，通过再制造运营可以节省 40%~65% 的制造成本[③]。为了使模型符合现实情况，本书根据费尔科等（Ferguson et al., 2009；Ferguson and Souza, 2010）的研究[④][⑤]，假设再制造的单位成本低于生产新产品的单位成本，即 $c_r < c_n$，从而表明再制造品是新产品的天然低成本替代品。

假设 3：废旧产品的回收努力成本是废旧产品数量的二次函数，即 $\frac{1}{2}kq_r^2$，其中 k 为回收规模参数。

随着废旧产品回收数量的增加，回收成本和难度也在不断增加，因此需要额外的努力来回收更多数量的废旧产品，因此根据相关研究[⑥]，本书假设回收废旧产品的成本随着回收数量非线性增加。

假设 4：模型均采用单周期模型，即所有决策都是在单周期设置中考虑的。

参照相关研究[⑦][⑧]，假设以前市场上存在的产品可以返还给原始设备制造商进行再利用，本书的模型采用单周期模型，专注于每个周期的平均利

① 黄少辉，袁开福，何波，等. 考虑废旧品质量的闭环供应链混合回收渠道选择研究 [J]. 运筹与管理，2020，29（10）：104 – 111.

② V V Agrawal, A Atasu, K Van Ittersum. Remanufacturing, third-party competition, and consumers' perceived value of new products [J]. Management Science, 2015, 61 (1): 60 – 72.

③ R Giutini, K Gaudette. Remanufacturing: The next great opportunity for boosting US productivity [J]. Business Horizons, 2003, 46 (6): 41 – 48.

④ M Ferguson, V D R Guide, E Koca, et al. The value of quality grading in remanufacturing [J]. Production and Operations Management, 2009, 18 (3): 300 – 314.

⑤ M E Ferguson, G C Souza. Closed-loop Supply chains: new developments to improve the sustainability of business practices [M]. Boca Raton: CRC Press, 2010.

⑥ B W Jacobs, R Subramanian. Sharing responsibility for product recovery across the supply chain [J]. Production and Operations Management, 2012, 21 (1): 85 – 100.

⑦ A Orsdemir, E Kemahlioglu – Ziya, A K Parlakturk. Competitive quality choice and remanufacturing [J]. Production and Operations Management, 2014, 23 (1): 48 – 64.

⑧ R C Savaskan, L N Van Wassenhove. Reverse channel design: the case of competing retailers [J]. Management science, 2006, 52 (1): 1 – 14.

润。所有决策都在一个单周期内考虑，使本书能够专注于稳态利润，促进模型的分析处理能力。表 3 – 1 列出了模型中所有参数的信息。

表 3 – 1   模型的参数与定义

参数	定义
γ	再制造品的消费者价值折扣
c_n/c_r	新产品和再制造品的单位制造成本
k	回收成本系数
p_n^i/p_r^i	模型 i 中新产品/再制造品的价格，$i \in (C, R)$
q_n^i/q_r^i	模型 i 中新产品/再制造品的数量，$i \in (C, R)$
f	模型 C 中再制造专利许可费
w	模型 R 中新产品的批发价格
$\prod_x^i$	模型 i 中参与者 x 的利润，$x \in (m, a, t)$，$i \in (C, R)$
i_n	新产品的环境影响
i_u	再制造品的环境影响
E^i	模型 i 的环境影响，$x \in (m, a, t)$，$i \in (C, R)$

3.3 模型求解

本章建立了两种不同的渠道策略模型，其中模型 C 表示原始制造商通过从消费者处回收旧部件参与再制造业务，新产品和再制造品分别通过原始制造商和独立的再制造商进行销售的策略；模型 R 表示原始制造商通过向消费者销售所有再制造品参与再制造业务，新产品和再制造品都通过原始制造商进行销售的策略。$\prod_x^i$ 表示供应链中各参与者的利润。$x \in (m, a, t)$，m、a、t 分别表示原始制造商、再制造商和整个供应链；$i \in (C, R)$ 分别表示模型 C 和模型 R。

3.3.1　回收渠道策略模型

在模型 C 中，新产品和再制造品分别通过原始制造商和再制造商进行分销，原始制造商与再制造商构成一个二阶段的 Stackelberg 博弈。供应链博弈模型决策顺序为：原始制造商宣布再制造品的专利许可费，然后原始制造商和再制造商通过确定新产品和再制造品的最优数量来最大化其利润。原始制造商和再制造商的利润函数分别为：

$$\underset{q_n,f}{Max}\prod_m^C = (p_n - c_n)q_n + fq_r - \frac{1}{2}kq_r^2 \tag{3-3}$$

$$\underset{q_r}{Max}\prod_a^C = (p_r - c_r)q_r - fq_r \tag{3-4}$$

其中，式（3-3）第一项为新产品的销售收入，第二项为再制造品的专利许可费，第三项为回收废旧产品的投入成本；式（3-4）第一项为再制造品的销售收入，第二项为支付给原始制造商的专利许可费。根据逆向归纳法可得模型 C 的均衡决策结果，如引理 3.1 所示。

引理 3.1　模型 C 中的专利许可费、均衡数量和利润可归纳为：

$$f^* = \frac{2k\gamma - 4c_r k - 8c_n\gamma + 2c_n k\gamma + 8\gamma^2 + 4c_r\gamma^2 - 3\gamma^3 - c_n\gamma^3}{2(2k + 8\gamma - 3\gamma^2)}$$

$$q_n^{C*} = \frac{2k - 2c_n k + 8\gamma - 8c_n\gamma + 2c_r\gamma - 3\gamma^3 + c_n\gamma^2}{2(2k + 8\gamma - 3\gamma^2)}$$

$$q_r^{C*} = \frac{2(c_n\gamma - c_r)}{2k + 8\gamma - 3\gamma^2}$$

$$\prod_m^{C*} = \frac{(1 - c_n)^2}{4} + \frac{(c_n\gamma - c_r)^2(2k + 4\gamma - 3\gamma^2)}{(2k - 8\gamma + 3\gamma^2)^2}$$

$$\prod_a^{C*} = \frac{4\gamma(c_n\gamma - c_r)^2}{(2k + 8\gamma - 3\gamma^2)^2}$$

$$\prod_t^{C*} = \frac{(1 - c_n)^2}{4} + \frac{(c_n\gamma - c_r)^2}{2k + 8\gamma - 3\gamma^2}$$

证明：将式（3-1）新产品和式（3-2）再制造品的逆向需求函数代入式（3-3）原始制造商和式（3-4）再制造商的利润函数，分别求解一阶条件得 $q_n^{C*} = \dfrac{2-\gamma+f+c_r-2c_n}{4-\gamma}$ 和 $q_r^{C*} = \dfrac{\gamma-2f-2c_r+\gamma c_n}{4\gamma-\gamma^2}$。

然后将 q_n^{C*} 和 q_r^{C*} 代入式（3-3）制造商的利润函数，求解 $\underset{f}{Max}\prod_m^C(f, q_n^*, q_r^*) = (p_n-c_n)q_n^* + fq_r^* - \dfrac{1}{2}kq_r^{*2}$ 的一阶条件，可以得到再制造品的专利许可费 $f^* = \dfrac{-4c_r k - 8c_r\gamma + 2k\gamma + 2c_n k\gamma + 8\gamma^2 + 4c_r\gamma^2 - 3\gamma^3 - c_n\gamma^3}{2(2k+8\gamma-3\gamma^2)}$。

最后将 f^* 代入 q_n^{C*}，q_r^{C*}，$\prod_m^{C*}$，$\prod_a^{C*}$ 和 $\prod_t^{C*}$，得到模型 C 中的均衡结果，引理 3.1 证明完毕。

3.3.2 再营销渠道策略模型

在模型 R 中，新产品和再制造品全部通过原始制造商进行销售，原始制造商与再制造商构成一个二阶段的 Stackelberg 博弈。供应链博弈模型决策顺序为：原始制造商决定再制造品的批发价格，然后原始制造商和再制造商决定新产品和再制造品的最优数量。原始制造商和再制造商的利润函数分别为：

$$\underset{q_n, w}{Max}\prod_m^R = (p_n-c_n)q_n + (p_r-w)q_r \qquad (3-5)$$

$$\underset{q_r}{Max}\prod_a^R = (w-c_r)q_r - \dfrac{1}{2}kq_r^2 \qquad (3-6)$$

其中，式（3-5）第一项为新产品的销售收入，第二项为再制造品的销售收入；式（3-6）第一项为原始制造商购买再制造品的收入，第二项为回收废旧产品的投入成本。同理，使用逆向归纳法求得模型 R 的均衡决策结果，如引理 3.2 所示。

引理 3.2 模型 R 中的批发价格，均衡数量和利润可归纳为：

$$w^* = \frac{\gamma(2c_r + c_n k + 2c_n \gamma - 2c_r \gamma - 2c_n \gamma^2)}{k + 4\gamma - 4\gamma^2}$$

$$q_n^{R*} = \frac{k - c_n k + 4\gamma - 4c_n \gamma + 2c_r \gamma - 4\gamma^2 + 2c_n \gamma^2}{2(k + 4\gamma - 4\gamma^2)}$$

$$q_r^{R*} = \frac{c_n \gamma - c_r}{k + 4\gamma - 4\gamma^2}$$

$$\prod_m^{R*} = \frac{(1 - c_n)^2}{4} + \frac{(c_n \gamma - c_r)^2 (2\gamma^2 - k - 2\gamma)}{2(k + 4\gamma - 4\gamma^2)^2}$$

$$\prod_a^{R*} = \frac{(c_n \gamma - c_r)^2}{2(k + 4\gamma - 4\gamma^2)}$$

$$\prod_t^{R*} = \frac{(1 - c_n)^2}{4} + \frac{\gamma(\gamma - 1)(c_n \gamma - c_r)^2}{(k + 4\gamma - 4\gamma^2)^2}$$

证明： 将式（3-1）新产品和式（3-2）再制造品的逆向需求函数代入式（3-5）原始制造商和式（3-6）再制造商的利润函数，分别求解一阶条件得 $q_n^{R*} = \frac{1 - c_n - \gamma + w}{2(1 - \gamma)}$ 和 $q_r^{R*} = \frac{\gamma c_n - w}{2\gamma(1 - \gamma)}$。

然后将 q_n^{R*} 和 q_r^{R*} 代入再制造商的利润函数，求解 $\underset{w}{Max} \prod_m^R (w, q_n^*, q_r^*) = (p_n - c_n)q_n^* + (p_r - w)q_r^*$ 的一阶条件，可以得到再制造品的批发价格 $w^* = \frac{\gamma(2c_r + c_n k + 2c_n \gamma - 2c_r \gamma - 2c_n \gamma^2)}{k + 4\gamma - 4\gamma^2}$。

最后将 w^* 代入 q_n^{R*}，q_r^{R*}，$\prod_m^{R*}$，$\prod_a^{R*}$ 和 $\prod_t^{R*}$，得到模型 R 中的均衡结果，引理 3.2 证明完毕。

同时，为保证 2 个模型可以进行比较，需要保证 $0 < q_r < q_n$。参照①②③

①　W Yan, Y Xiong, Z Xiong, N Guo. Bricks vs. clicks：Which is better for marketing remanufactured products？［J］. European Journal of Operational Research, 2015, 242 (2)：434-444.

②　Savaskan, R Canan, Bhattacharya, et al. Closed-loop supply chain models with product remanufacturing［J］. Management Science, 2004, 50 (2)：239-252.

③　Y Xiong, Y Zhou, G Li, et al. Dont forget your supplier when remanufacturing［J］. European Journal of Operational Research, 2013, 230 (1)：15-25.

文献，得到引理3.3。

引理3.3 为保证 $0 < q_r < q_n$，再制造品的生产成本区域范围为

$$\frac{c_n k - k - \gamma + 2c_n \gamma + \gamma^2}{1 + \gamma} < c_r < c_n \gamma。$$

证明： 由 $0 < q_r^{C*} < q_n^{C*}$，求解得 $\dfrac{-2k + 2c_n k - 8\gamma + 8c_n \gamma + 3\gamma^2 - c_n \gamma^2}{2\gamma} < c_r < c_n \gamma。$

由 $0 < q_r^{R*} < q_n^{R*}$，求解得 $\dfrac{c_n k - k - \gamma + 2c_n \gamma + \gamma^2}{1 + \gamma} < c_r < c_n \gamma。$

比较上述不等式，当 $\dfrac{c_n k - k - \gamma + 2c_n \gamma + \gamma^2}{1 + \gamma} < c_r < c_n \gamma$（用 Δ^D 表示边界条件）时，条件 $0 < q_r^{C*} < q_n^{C*}$ 和 $0 < q_r^{R*} < q_n^{R*}$ 可同时被满足，引理3.3证明完毕。

引理3.3表明，当再制造成本具有一定优势时（$c_r < \gamma c_n$），原始制造商愿意进入再制造市场，即 $q_r > 0$。另外，当再制造品对新产品的侵蚀不严重时，原始制造商将生产足够数量的新产品，即 $\dfrac{c_n k - k - \gamma + 2c_n \gamma + \gamma^2}{1 + \gamma} < c_r$。

推论3.1 回收成本系数 k 对最优决策和利润的影响为：

$$\frac{\partial q_n^{C*}}{\partial k} > 0 , \quad \frac{\partial q_r^{C*}}{\partial k} < 0 , \quad \frac{\partial \prod_m^{C*}}{\partial k} < 0 , \quad \frac{\partial \prod_a^{C*}}{\partial k} < 0 ;$$

$$\frac{\partial q_n^{R*}}{\partial k} > 0 , \quad \frac{\partial q_r^{R*}}{\partial k} < 0 , \quad \frac{\partial \prod_m^{R*}}{\partial k} < 0 , \quad \frac{\partial \prod_a^{R*}}{\partial k} < 0 。$$

证明： $\dfrac{\partial q_n^{C*}}{\partial k} = \dfrac{-2\gamma(c_r - c_n \gamma)}{(2k + 8\gamma - 3\gamma^2)^2}$

由引理3.3的边界条件 $c_r < c_n \gamma$，易知 $\dfrac{\partial q_n^{C*}}{\partial k} > 0$，

同理 $\dfrac{\partial q_r^{C*}}{\partial k} = \dfrac{4(c_r - c_n \gamma)}{(2k + 8\gamma - 3\gamma^2)^2} < 0$，

$$\frac{\partial \prod_m^{C*}}{\partial k} = \frac{-2(c_r - c_n \gamma)^2}{(2k + 8\gamma - 3\gamma^2)^2} < 0,$$

$$\frac{\partial \prod_{a}^{C*}}{\partial k} = \frac{-16\gamma(c_r - c_n\gamma)^2}{(2k + 8\gamma - 3\gamma^2)^3} < 0,$$

$$\frac{\partial q_n^{R*}}{\partial k} = \frac{-\gamma(c_r - c_n\gamma)}{(k + 4\gamma - 4\gamma^2)^2} > 0,$$

$$\frac{\partial q_r^{R*}}{\partial k} = \frac{c_r - c_n\gamma}{(k + 4\gamma - 4\gamma^2)^2} < 0,$$

$$\frac{\partial \prod_{m}^{R*}}{\partial k} = \frac{2\gamma(\gamma - 1)(c_r - c_n\gamma)^2}{(k + 4\gamma - 4\gamma^2)^2} < 0,$$

$$\frac{\partial \prod_{a}^{R*}}{\partial k} = -\frac{(c_r - c_n\gamma)^2}{(k + 4\gamma - 4\gamma^2)^2} < 0,\ 推论\ 3.1\ 证明完毕。$$

推论 3.1 表明，再制造外包情形下，无论原始制造商采取哪种渠道策略，新产品需求随回收成本的增加而增加，而再制造品需求则随回收成本的增加而下降，双方的利润会随回收成本的增加而降低。这是因为随着回收成本的增加，废旧产品的回收数量会受到限制，从而造成再制造品需求的减少，再制造商的利润也会随之减少。同时，再制造品需求的减少，会刺激新产品的消费，新产品的需求会随之增加。原始制造商虽然从新产品的销售中获取了更多的利润，但由于再制造品数量减少得更多，原始制造商从再制造领域减少的利润高于新产品的销售，从而造成原始制造商的利润下降。该结论表明回收成本的增加不仅降低了再制造品的侵蚀效果，也会降低原始制造商的利润，原始制造商应采取哪种渠道策略则需要进一步对比分析。

3.4　决策均衡分析

本节主要分析再制造外包情形下不同渠道策略对原始制造商和再制造商的均衡决策、利润和环境的影响。首先，基于引理 3.1 和引理 3.2，本书比较两种模型的均衡决策，然后分别从经济角度和环境角度剖析两种渠道策略的优劣。

3.4.1 最优数量比较

比较两种不同渠道策略（模型 C 和模型 R）中新产品和再制造品需求的差异性，本书提出如下命题：

命题 3.1 与模型 R 相比，模型 C 对于新产品的需求更大，即 $q_n^{C*} > q_n^{R*}$。

证明：$q_n^{C*} - q_n^{R*} = \dfrac{(c_n\gamma - c_r)(6 - \gamma)\gamma^2}{2(2k + 8\gamma - 3\gamma^2)(k + \gamma - \gamma^2)}$

根据引理 3.3 的边界条件 Δ^D，易知 $c_n\gamma - c_r > 0$，$6 - \gamma > 0$，$2k + 8\gamma - 3\gamma^2 > 0$ 和 $k + \gamma - \gamma^2 > 0$，从而保证 $q_n^{C*} > q_n^{R*}$，可得命题 3.1 成立。

命题 3.1 表明，原始制造商选择回收策略会增加新产品的需求。这意味着在模型 C 中，原始制造商会采取更加激进的方式来应对再制造品的侵蚀，即通过提供更多的新产品来降低再制造品的潜在需求。这是由于与模型 R 中两种产品全部由制造商销售相比，模型 C 中新产品由制造商进行销售，所有再制造品则由再制造商进行销售。这就意味着再制造商利润的唯一来源就是销售再制造品，由于再制造商不太关心再制造品对新产品需求的侵蚀，从而迫使制造商选择提供更多的新产品来应对。

命题 3.2 当回收成本系数 $k < k_1$ 时，模型 C 的再制造品需求低于模型 R 的再制造品需求，即 $q_r^{C*} < q_r^{R*}$。反之亦然。

证明：$q_r^{C*} - q_r^{R*} = \dfrac{(c_r - c_n\gamma)(-2k + 4\gamma + \gamma^2)}{2(2k + 8\gamma - 3\gamma^2)(k + \gamma - \gamma^2)}$

根据引理 3.3 的边界条件 Δ^D，易知 $c_n\gamma - c_r > 0$，$2k + 8\gamma - 3\gamma^2 > 0$ 和 $2k + 8\gamma - 3\gamma^2 > 0$。

对于分子因式 $2k - 4\gamma - \gamma^2$，显然存在 $k_1 = \dfrac{4\gamma + \gamma^2}{2}$，

当 $k < k_1$ 时，满足 $2k - 4\gamma - \gamma^2 < 0$，即 $q_r^{C*} < q_r^{R*}$，

当 $k > k_1$ 时，满足 $2k - 4\gamma - \gamma^2 > 0$，即 $q_r^{C*} > q_r^{R*}$，可得命题 3.2 成立。

命题 3.2 表明，当回收成本系数相对较低时（$k < k_1$），销售再制造品的边际收益较高，模型 C 的再制造品需求低于模型 R 的再制造品需求，即 $q_r^{C*} < q_r^{R*}$。由命题 3.1 可知，由于模型 C 中原始制造商提供了更多的新产品（$q_n^{C*} > q_n^{R*}$），再制造品的潜在市场规模就会缩小，如果再制造商销售更多的再制造品，其价格将大幅下降，会导致其收益进一步下降。因此，当回收成本系数相对较低时，与模型 R 相比，再制造商提供再制造品的数量较少。

此外，当回收成本系数相对较高时（$k > k_1$），模型 C 中再制造品的需求高于模型 R 中再制造品的需求，即 $q_r^{C*} > q_r^{R*}$。随着回收成本系数的增加（特别是 $k > k_1$），再制造品的边际收益会减少。在模型 R 中，由于两种产品都由制造商销售，制造商随着再制造品边际收益的减少会选择提供更少的再制造品，从而可以降低再制造品对新产品的侵蚀问题。而在模型 C 中，由于再制造品的销售是再制造商利润的唯一来源，尽管再制造品的边际收益很小，再制造商也别无选择，只能提供更多的再制造品。命题 3.2 揭示了原始制造商在面对再制造品侵蚀时，会根据回收成本的高低来选择不同的渠道策略。

3.4.2　利润比较

本部分将从经济角度分析再制造外包情形下 OEM 应对侵蚀问题的两种渠道策略。更具体地说，一种策略是否优于另一种策略？为了回答该问题，需要分析不同渠道策略下原始制造商的利润，如命题 3.3 和图 3-3 所示。

命题3.3 当回收成本系数 $k < k_1$ 时，模型 C 中原始制造商的均衡利润低于模型 R 中原始制造商的均衡利润，即 $\prod_m^{C*} < \prod_m^{R*}$。反之亦然。

证明： $\prod_m^{C*} - \prod_m^{R*} = \dfrac{(c_r - c_n\gamma)^2(2k - 4\gamma - \gamma^2)}{4(2k + 8\gamma - 3\gamma^2)(k + \gamma - \gamma^2)}$

根据引理3.3的边界条件，易知 $(c_r - c_n\gamma)^2 > 0$，$2k + 8\gamma - 3\gamma^2 > 0$ 和 $k + \gamma - \gamma^2 > 0$，对于分子因式 $2k - 4\gamma - \gamma^2$，显然存在 $k_1 = \dfrac{4\gamma + \gamma^2}{2}$，

当 $k < k_1$ 时，满足 $2k - 4\gamma - \gamma^2 < 0$，即 $\prod_m^{C*} < \prod_m^{R*}$。

当 $k > k_1$ 时，满足 $2k - 4\gamma - \gamma^2 > 0$，即 $\prod_m^{C*} > \prod_m^{R*}$。可得命题3.3成立。

命题3.3表明，当回收成本系数相对较低时（$k < k_1$），制造商从模型 C 中获取的利润低于模型 R，即 $\prod_m^{C*} < \prod_m^{R*}$。这说明制造商利润的最大化并不等于再制造侵蚀的最小化，即再制造品需求最小时并不意味着制造商的利润最大。具体来讲，当回收成本系数相对较低时（$k < k_1$），原始制造商会提供更多的新产品（命题3.1中 $q_n^{C*} > q_n^{R*}$）来减小再制造品的侵蚀（命题3.2中 $q_r^{C*} < q_r^{R*}$），但同时也会降低原始制造商的利润（$\prod_m^{C*} < \prod_m^{R*}$）。

事实上，再制造品的出现降低了新产品的需求。如果所有再制造品都以较低的价格出售，侵蚀效果会更加严重，因此需要更好地理解新产品和再制造品之间的竞争。在这里需要注意的是，再制造是产生额外利润的一种方式，低价的再制造品可以销售给支付意愿较低、不会购买新产品的这部分消费者。这就意味着，在某些条件下，尽管再制造品的价格比新产品低得多，但仍然有利可图。命题3.3则解释了这种情形：在模型 C 中制造商提供较少的新产品，导致新产品的价格增加，再制造品的潜在市场规模则变得相对较高。当回收成本系数相对较低时（$k < k_1$），制造商可以通过

提供更多的再制造品获取更多的利润。也就是说，当回收成本系数相对较低时，如果制造商选择回收策略来提供较少的新产品，尽管新产品由于再制造品的侵蚀而降低利润，但再制造品数量的增加则可以提供超过新产品销售的额外利润。

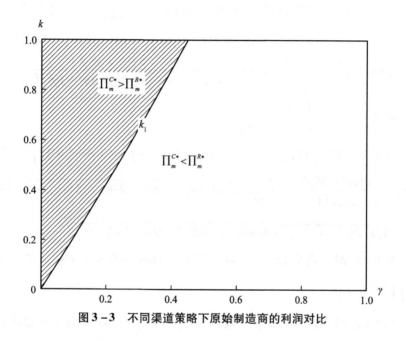

图 3 - 3　不同渠道策略下原始制造商的利润对比

图 3 - 3 和命题 3.3 进一步揭示了再制造品的引入对原始制造商盈利能力的影响。阿塔苏等（Atasu et al.，2010）发现，当再制造品是新产品的完美替代品时，产品侵蚀并不是主要问题。① 然而，当再制造品异质于新产品时，产品侵蚀就成为一个问题。与前人的研究相比，命题 3.3 揭示了行业管理者在面对再制造侵蚀问题时应该关注废旧产品的回收成本。这也就意味着原始制造商在应对再制造外包的侵蚀问题时，需要从成本的角度去

---

① A Atasu, J Guide, V Daniel R, et al. So what if remanufacturing cannibalizes my new product sales? [J]. California Management Review, 2010, 52（2）: 56 - 76.

分析两种渠道策略的优劣。

进一步分析不同渠道策略下再制造商的利润，如命题3.4和图3-4所示。

命题3.4 当回收成本系数 $k < k_2$ 时，模型 C 中再制造商的均衡利润低于模型 R 中再制造商的均衡利润，即 $\prod_a^{C*} > \prod_a^{R*}$。反之亦然。

证明：$\prod_a^{C*} - \prod_a^{R*} = \dfrac{(c_r - c_n\gamma)^2 (12k^2\gamma^2 - 4k^3 + 32\gamma^3 - 16k\gamma^3 - 64\gamma^4 - 9k\gamma^4 + 32\gamma^5)}{8(k + \gamma - \gamma^2)^2 (2k + 8\gamma - 3\gamma^2)^2}$

显然 $\dfrac{(c_r - c_n\gamma)^2}{8(k + \gamma - \gamma^2)^2 (2k + 8\gamma - 3\gamma^2)^2} > 0$，

对于分子因式 $12k^2\gamma^2 - 4k^3 + 32\gamma^3 - 16k\gamma^3 - 64\gamma^4 - 9k\gamma^4 + 32\gamma^5$，存在 $k_2 = \gamma^2 + \dfrac{192\gamma^3 - 36\gamma^4}{\sqrt[3]{243A}} - \dfrac{A}{\sqrt[3]{529}}$，其中 $A = \sqrt[3]{576\gamma^4 - 288\gamma^3 - 144\gamma^5 + 9\gamma^6 + 4B}$，

$B = \sqrt{3(1728\gamma^6 - 6912\gamma^7 + 8640\gamma^8 - 3308\gamma^9 + 504\gamma^{10} - 27\gamma^{11})}$。

当 $k < k_2$ 时，满足 $12k^2\gamma^2 - 4k^3 + 32\gamma^3 - 16k\gamma^3 - 64\gamma^4 - 9k\gamma^4 + 32\gamma^5 > 0$，即 $\prod_a^{C*} > \prod_a^{R*}$，

当 $k > k_2$ 时，满足 $12k^2\gamma^2 - 4k^3 + 32\gamma^3 - 16k\gamma^3 - 64\gamma^4 - 9k\gamma^4 + 32\gamma^5 > 0$，即 $\prod_a^{C*} < \prod_a^{R*}$。

命题3.4表明，当回收成本系数相对较低时（$k < k_2$），销售再制造品的边际收益较高，再制造商从模型 C 中获取的利润高于模型 R，即 $\prod_a^{C*} > \prod_a^{R*}$。具体原因如下：命题3.1中 $q_n^{C*} > q_n^{R*}$ 意味着制造商在模型 C 中新产品销售的利润总高于模型 R。当回收成本系数相对较低时（$k < k_2$），销售再制造品的边际收益较高。在模型 R 中，为了补偿新产品销售中的利润"损失"，并最大限度地增加再制造品销售的利润，制造商应通过抵消买方力量从而设定相对较低的批发价格。显然，较低的批发价格会导致模型 R

中再制造商的盈利能力低于模型 C。

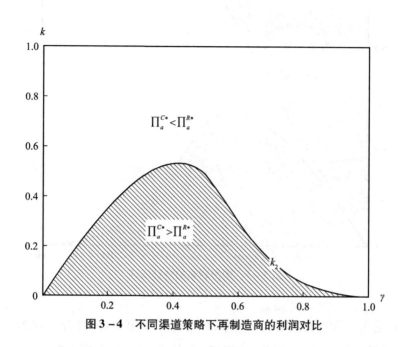

图 3 - 4 不同渠道策略下再制造商的利润对比

基于命题 3.3 和命题 3.4，本书将双方的利润总结为推论 3.2 和图 3 - 5。

推论 3.2 回收成本系数与制造商和再制造商的利润存在以下关系：

（1）如果回收成本系数较低（即 $k < k_2$），则制造商（再制造商）将从模型 R 获取比模型 C 更高（更低）的利润。

（2）如果回收成本系数适中（即 $k_1 < k < k_2$），与模型 C 相比，模型 R 可以为双方创造双赢的结果。

（3）如果回收成本系数较高（即 $k > k_1$），则制造商（再制造商）将从模型 R 获取比模型 C 更低（更高）的利润。

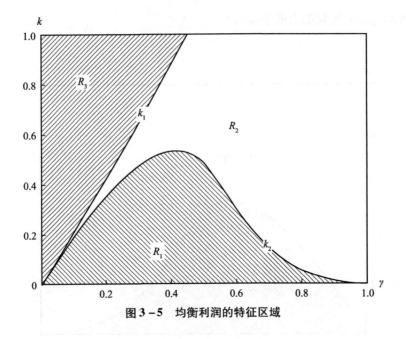

图 3 - 5 均衡利润的特征区域

推论 3.2 总结了命题 3.3 和命题 3.4,其中第(1)部分(即图 3 - 5 的 R_1 区域)和第(3)部分(即图 3 - 5 的 R_3 区域)分别由命题 3.3 和命题 3.4 解释。此外,推论的第(2)部分(即图 3 - 5 的 R_2 区域)表明,与回收策略相比,只要回收成本系数适中,再营销策略可以确保双方的利润实现帕累托改进。当回收成本系数相对较低(即 $k < k_2$)时,模型 C 中再制造商的盈利能力高于模型 R。该推论进一步揭示,当回收成本大于一定阈值时,模型 C 中再制造商的盈利能力低于模型 R。可以这样解释:模型 C 中新产品由制造商销售,而再制造品则由再制造商销售,所以市场竞争更激烈。因此,与 R 模型相比,当回收成本系数增大到 k_2 时,模型 C 中再制造商的利润下降幅度大于模型 R,导致模型 C 中再制造商的利润低于模型 R。

3.4.3　环境影响比较

本部分从环境角度出发，探讨不同渠道策略对整个社会环境可持续发展的影响。借鉴相关文献[①②]，本书使用 i_n 和 i_u 分别表示新产品和再制造品对环境的总体影响。由于再制造品的生产相对于新产品的生产需要更少的材料和能源，本书作出以下假设：

假设 5：新产品的单位环境影响大于再制造品的单位环境影响，即 $i_n > i_u$。

本书分别使用 E^C 和 E^R 表示模型 C 和模型 R 的环境影响。其中，$E^C = i_n q_n^C + (i_n - i_u) q_r^C$，$E^R = i_n q_n^R + (i_n - i_u) q_r^R$。基于命题 3.1 和假设 5，本书提出命题 3.5。

命题 3.5　当 $k < \hat{k}(i_n, i_u)$，模型 R 比模型 C 更环保，即 $E^{C^*} > E^{R^*}$。反之亦然。

证明：$E^{C^*} - E^{R^*} = \dfrac{(c_r - c_n \gamma)(2ki_n - 4\gamma i_n - 7\gamma^2 i_n + \gamma^3 i_n - 2ki_r + 4\gamma i_r + \gamma^2 i_r)}{2(2k + 8\gamma - 3\gamma^2)(k + \gamma - \gamma^2)}$

根据引理 3.3 的边界条件 Δ^D，易知 $c_r - c_n \gamma < 0$，$2k + 8\gamma - 3\gamma^2 > 0$ 和 $k + \gamma - \gamma^2 > 0$。

对于分子因式 $2ki_n - 4\gamma i_n - 7\gamma^2 i_n + \gamma^3 i_n - 2ki_r + 4\gamma i_r + \gamma^2 i_r$，存在 $\hat{k}(i_n, i_u) = \dfrac{\gamma^3 i_n - 4\gamma i_n - 7\gamma^2 i_n + 4\gamma i_r + \gamma^2 i_r}{2i_r - 2i_n}$。

当 $k < \hat{k}(i_n, i_u)$ 时，满足 $2ki_n - 4\gamma i_n - 7\gamma^2 i_n + \gamma^3 i_n - 2ki_r + 4\gamma i_r + \gamma^2 i_r <$

---

① M Hariga, R As'ad, A Shamayleh. Integrated economic and environmental models for a multi stage cold supply chain under carbon tax regulation [J]. Journal of Cleaner Production, 2017, 166: 1357 - 1371.

② T G Gutowski, S Sahni, A Boustani, et al. Remanufacturing and energy savings [J]. Environmental Science & Technology, 2011, 45 (10): 4540 - 4547.

0，即 $E^{C^*} > E^{R^*}$。

当 $k > \hat{k}(i_n, i_u)$ 时，满足 $2ki_n - 4\gamma i_n - 7\gamma^2 i_n + \gamma^3 i_n - 2ki_r + 4\gamma i_r + \gamma^2 i_r > 0$，即 $E^{C^*} < E^{R^*}$。

命题 3.5 表明，环境影响不仅取决于再制造品的数量，而且取决于新产品的数量。当回收成本系数相对较低时，即 $k < \hat{k}(i_n, i_u)$，模型 C 中新产品的环境影响高于模型 R，即 $i_n q_n^{C^*} > i_n q_n^{R^*}$，这是由于模型 C 中新产品在减少环境影响方面占据主导地位，新产品数量的增加导致其环境影响增加。而 $(i_n - i_u)q_r^{C^*} < (i_n - i_u)q_r^{R^*}$ 则表明较少的再制造品造成的环境影响较低。综合起来，此时 $E^{C^*} > E^{R^*}$，即模型 R 比模型 C 更环保。

3.5 数值分析

为了更加直观地显示命题 3.1 至命题 3.5 的结论，本书选择冰箱、17 英寸液晶显示器和手机三种产品，通过数值仿真的方法分析均衡数量、利润及环境影响随模型参数的变化情况。

3.5.1 数据来源

（1）制造成本（c_n）和潜在市场规模（Q）。

根据美国能源部（US Department of Energy）的相关报告①和艾森杜兰等（2016）的研究②，冰箱的零售价格一般在 500～1500 美元，本书假设

---

① US Department of Energy. Markups analysis [EB/OL]. http：//www1. eere. energy. gov, December 12, 2013.

② V Polotski, J – P Kenne, A Gharbi. Production and setup policy optimization for hybrid manufacturing-remanufacturing systems [J]. International Journal of Production Economics, 2017, 183：322 – 333.

25%的加价，选择 $c_n \in \{375, 750, 1125\}$。根据相关学者[①②]的研究，17英寸液晶显示器销售价格在 $50 \sim 150$ 美元，且认为其生产成本几乎等于销售价格，本书选择 $c_n \in \{375, 750, 1125\}$。根据奥夫钦尼科夫（2011）[③]的研究，手机的销售价格在 $150 \sim 350$ 美元，选择 $c_n \in \{150, 250, 350\}$。此外，借鉴阿塔苏和苏扎（2013）[④] 的文献，本书假定潜在市场规模被标准化为1，且比率 $\frac{c_n}{Q} = 0.25$。

（2）收集成本系数（k）。

借鉴相关学者[⑤]的研究，本书假设冰箱的收集成本系数 $k \in \{1.5, 1.75, 2\}$，17英寸液晶显示器的收集成本系数为 $\{0.6, 0.7, 0.8\}$，手机的收集成本系数为 $\{0.1, 0.15, 0.2\}$，从而反映了收集成本的高中低情形（见表3-2）。

表3-2　　　　　　　　　三种产品的仿真参数取值

参数	冰箱	17英寸液晶显示器	手机
c_n（$）	0.7, 0.8, 0.9	50, 100, 150	150, 250, 350
Q	1500, 3000, 4500	200, 400, 600	600, 1000, 1400

① L G Debo, L B Toktay, L N V Wassenhove. Market segmentation and product technology selection for remanufacturable products [J]. Management Science, 2005, 51 (8): 1193 -1205.

② G Esenduran, E Kemahlioglouziya, J M Swaminathan. Take-back legislation: consequences for remanufacturing and environment [J]. Decision Sciences, 2016, 47 (2): 219 -256.

③ A Ovchinnikov. Revenue and cost management for remanufactured products [J]. Production and Operations Management, 2011, 20 (6): 824 -840.

④ A Atasu, G C Souza. How does product recovery affect quality choice? [J]. Production and Operations Management, 2013, 22 (4): 991 -1010.

⑤ M Esmaeili, G Allameh, T Tajvidi. Using game theory for analysing pricing models in closed-loop supply chain from short-and long-term perspectives [J]. International Journal of Production Research, 2016, 54 (7): 2152 -2169.

续表

参数	冰箱	17 英寸液晶显示器	手机
k	1.5, 1.75, 2	0.6, 0.7, 0.8	0.1, 0.15, 0.2
γ	0.4, 0.6, 0.8	0.4, 0.6, 0.8	0.4, 0.6, 0.8
$i_n(MJ)$	6909	2073	200
i_u/i_n	0.8	0.8	0.8

（3）消费者价值折扣（γ）和能源使用参数（i）。

借鉴前人的研究①②，再制造品的消费者价值折扣在 45% ~ 85%。因此，本书选择消费者价值折扣 $\gamma \in \{0.5, 0.65, 0.8\}$。对于冰箱，根据相关学者的研究③，本书选择 $i_n = 6909MJ$。对于 17 英寸液晶显示器，根据相关组织的研究④，本书选择 $i_n = 2073MJ$。对于手机，参考相关学者的研究⑤，本书选择 $i_n = 200MJ$。此外，根据相关报告⑥，再制造品生产所需的能源比新产品少 80%，本书将再制造所需的能源水平设定为 $i_u = i_n \times 0.8$。仿真参数取值如表 3 - 2 所示。

---

① J Marion. Sun under fire-for fixing solaris OS costs to reduce competition in used Sun market [EB/OL]. http：//www. sparcproductdirectory. com，June 1，2004.

② J Chai，W Yan，Y Li，et al. Selling vertically differentiated products under one channel or two? A quality segmentation model for differentiated distribution channels [J]. Journal of the Operational Research Society，2019，71（8）：1180 - 1198.

③ T Gutowski，C Murphy，D Allen，et al. Environmentally benign manufacturing [J]. Baltimore MD：World Technology（WTEC）Division，International Technology Research Institute，2001.

④ EPA. Desktop computer displays a life-cycle assessment [EB/OL]. http：//www. epa. gov，June 1，2014.

⑤ M Esmaeili，G Allameh，T Tajvidi. Using game theory for analysing pricing models in closed-loop supply chain from short-and long-term perspectives [J]. International Journal of Production Research，2016，54（7）：2152 - 2169.

⑥ A Ezroj. How the European Union's WEEE & RoHS Directives can help the United States develop a successfull national e-waste strategy [J]. Virginia Environmental Law Journal，2010，28（45）：46 - 72.

3.5.2　仿真结果

本部分对所有数据进行数值模拟，描述了不同渠道策略下均衡决策的差异，其中新产品和再制造品的最优数量分别如图 3 – 6 和图 3 – 7 所示，原始制造商和再制造商的利润分别如图 3 – 8 和图 3 – 9 所示，环境影响如图 3 – 10 所示。

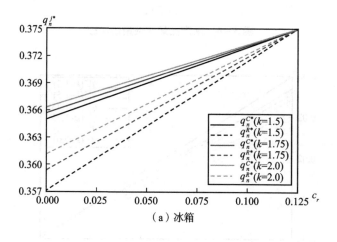

（a）冰箱

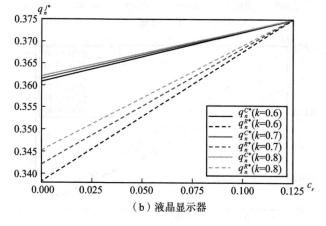

（b）液晶显示器

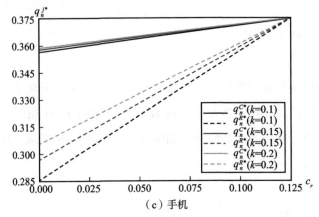

（c）手机

图 3 - 6　新产品最优数量的比较

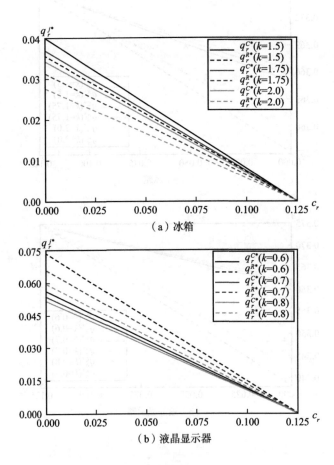

（a）冰箱

（b）液晶显示器

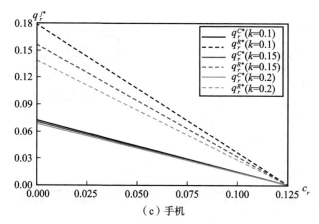

（c）手机

图3-7　再制造品最优数量的比较

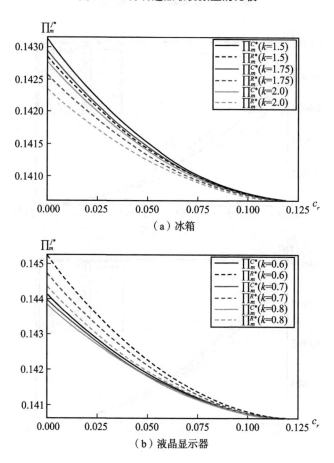

（a）冰箱

（b）液晶显示器

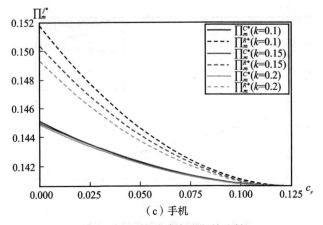

（c）手机

图 3-8　原始制造商利润的比较

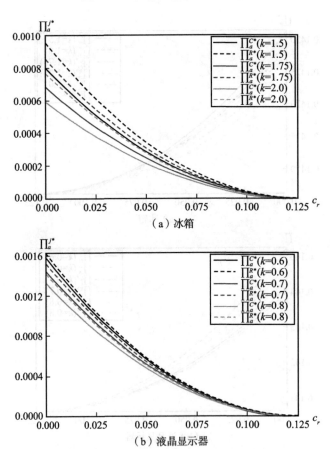

（a）冰箱

（b）液晶显示器

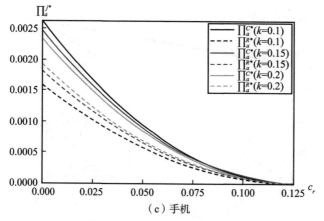

（c）手机

图3-9　再制造商利润的比较

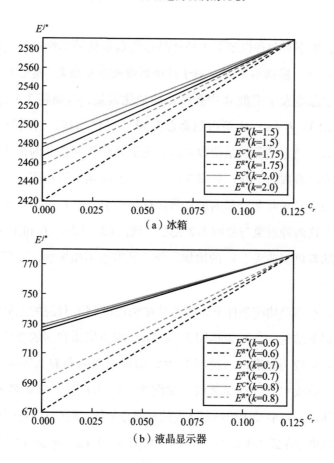

（a）冰箱

（b）液晶显示器

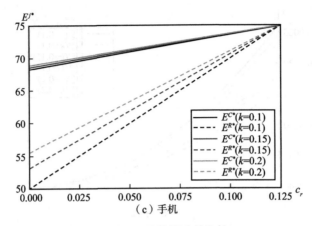

图 3 - 10　环境影响的比较

首先，本书对两种模型下 3 种产品最优数量的差异性进行比较，得出以下结论：（1）根据图 3 - 6，对于任何回收成本系数 k，模型 C 中新产品的最优数量总是大于模型 R 中新产品的最优数量，与命题 3.1 完全一致。（2）根据图 3 - 7（a）冰箱再制造品数量的变化趋势，当回收成本较高时，模型 C 中再制造品的最优数量高于模型 R 中再制造品的最优数量；而随着回收成本系数的下降，如图 3 - 7（b）液晶显示器和图 3 - 7（c）手机所示，模型 C 中再制造品的最优数量总是低于模型 R 中再制造品的最优数量，以上这两种现象与命题 3.2 完全一致。（3）图 3 - 6 和图 3 - 7 进一步表明，随着再制造成本 c_r 的增加，新产品需求不断增加，而再制造品需求不断减少。

其次，本书对均衡条件下 3 种产品在两种模型下利润的差异性进行比较，得出以下结论：（1）根据图 3 - 8（a）冰箱均衡利润的变化趋势，当回收成本系数较为显著时，模型 C 中原始制造商的利润高于模型 R 的利润；而当回收成本系数不显著时，如图 3 - 8（b）液晶显示器和图 3 - 8（c）手机所示，模型 C 中原始制造商的利润总是低于模型 R 的利润，以上这两种变化趋势与命题 3.3 完全一致。（2）图 3 - 9（a）冰箱和图 3 - 9（b）

液晶显示器分别描绘了这两种产品情形下再制造商利润的变化趋势，当回收成本系数较大时，模型 C 中再制造商的利润总是低于模型 R 的利润，而当回收成本系数较小时，如图 3 - 9（c）手机所示，模型 C 中再制造商的利润高于模型 R 的利润，这一现象与命题 3.4 完全一致。（3）图 3 - 8 和图 3 - 9 进一步表明，随着再制造成本 c_r 的增加，原始制造商和再制造商的利润都会减少。

最后，图 3 - 10 显示了两种模型下的环境影响，即随着回收成本 c_r 增加，模型 C 和模型 R 之间的环境影响差异减小。虽然不能直接从图 3 - 10 中得到命题 3.5 的结论，但根据图 3 - 10 中的结果可以间接得出结论：存在一个阈值 $\hat{k}(i_n, i_u) = 4.56$，在这个阈值下，模型 C 中对环境的不利影响总是高于模型 R，即模型 R 比模型 C 更环保。

从对冰箱、液晶显示器和手机的数值模拟分析中，可以直接观察到再制造成本对均衡需求（命题 3.1 和命题 3.2）、原始制造商和再制造商（命题 3.3 和命题 3.4）利润的影响仍在继续存在。虽然这三种产品的数值结果不能完全支持命题 3.5，但可以得出结论，随着回收成本的增加，两种模型的环境影响差异在减小。此外，通过数值仿真的计算可以求出该阈值，即当 k 小于一定阈值时，模型 R 比模型 C 更环保，从而支持命题 3.5。

3.6　本章小结与管理启示

3.6.1　本章小结

由于缺乏再制造的基础设施和专门技术，外包再制造业务已成为很多原始制造商的选择，这也造成了再制造品对新产品的严重侵蚀。原始制造商往往会采取不同的渠道策略来应对侵蚀问题。从经济绩效和环境影响的角度来看,哪一种策略更有优势是一个值得思考的问题。因此,本章构建了一个由原始制造商和再制造商组成的供应链模型,原始制造商可采用回收策略或再营销策略应对再制造外包的产品侵蚀问题,探讨回收成本系数等因素对供应链均衡决策、经济效益和环保效益的影响。研究结果表明:(1)当回收成本系数较小时,回收策略可以更好地应对产品侵蚀问题,即在市场中提供更少的再制造品。此外,不论回收成本高低,回收策略比再营销策略更能增加新产品的需求。(2)从利润最大化的角度来看,当回收成本系数 $k < k_1$ 时,回收策略下原始制造商的利润更高,即原始制造商在回收成本较小时更倾向于选择回收策略。当 $k_1 < k < k_2$ 时,再营销策略可以为原始制造商和再制造商双方创造双赢的结果,从而实现帕累托改进。(3)从环境影响的角度来看,当回收成本系数大于一定阈值时,回收渠道策略更加环保。(4)随着再制造成本的增加,原始制造商和再制造商的盈利能力会下降,对环境的不利影响则会增加。

3.6.2 管理启示

通过本章的研究,得到以下管理启示。首先,当回收成本系数较小时,原始制造商会选择回收策略来应对产品侵蚀问题,这与吉德和李(Guide and Li,2010)[1] 的研究结果基本一致。他们发现有一家领先的网络设备制造商每年会花费超过 8 亿美元回收自家的废旧产品,但由于害怕再制造品对新产品的侵蚀,该制造商并不从事再制造。这也说明回收策略可以更加有效地应对再制造外包情形下的侵蚀问题。其次,当回收成本系数低于一定阈值时,原始制造商采取回收策略可以将产品侵蚀问题降至最低,但此时原始制造商的利润并没有达到最大;而当回收成本系数适中

---

[1] V D R Guide,J Y Li. The potential for cannibalization of new products sales by remanufactured products [J]. Decision Sciences,2010,41(3):547–572.

时，再营销策略则可以为原始制造商和再制造商双方创造双赢的结果。该结论与欧美发达国家强调相关企业的回收责任并不一致，基于销售渠道的营销策略在一定条件下也会成为制造商的最优策略。因此，本书建议企业的管理人员在应对再制造外包的产品侵蚀问题时应特别关注废旧产品的回收成本，根据测算的回收成本选择更加合适的渠道策略。最后，由于"理性"的原始制造商受盈利能力的影响，往往缺乏改善环境的意识来回收自身的废旧产品，因此，本书建议政府和相关环境保护组织一方面制定激励措施鼓励再制造商参与废旧产品的回收，另一方面颁布相关法律强制原始制造商参与废旧产品的回收。

第4章

碳排放规制下再制造外包的
产品侵蚀问题和渠道策略

4.1 问题提出

自 20 世纪 90 年代开始，基于市场机制的规制政策逐步出现，以碳排放权交易为代表的排放许可证交易政策在发达国家不断发展成熟，逐步成为促进节能减排的有效手段。[①] 为实现碳中和目标，欧美发达国家已在相关政策驱动、法制完善以及市场机制调节等方面进行了积极尝试。中国在实现低碳经济发展目标的过程中，已逐步建立和完善相关的法律法规政策和市场机制，鼓励生产企业节能减排，积极发展低碳经济。碳排放交易市场作为一项重要的政策工具，对促进和约束企业主体实现减排和技术的发展有很强的引导作用。目前世界范围内正在运行的碳排放交易体系共 21个，覆盖了全球碳排放总量的 10%[②]，其中影响最广泛的欧盟碳排放交易

---

① S G Azevedo, H Carvalho, L M Ferreira, et al. A proposed framework to assess upstream supply chain sustainability [J]. Environ Dev Sustain, 2017, 19 (6): 2253 – 2273.

② 杨曦，彭水军. 碳关税可以有效解决碳泄漏和竞争力问题吗? 基于异质性企业贸易模型的分析 [J]. 经济研究, 2017, 52 (5): 60 – 74.

体系（EU Emissions Trading System），在主体构造、产品设计和运行机制等方面都积累了成熟的经验①②，值得中国借鉴参考。中国已于 2011 年在深圳、上海、北京、广东、天津、湖北、重庆和福建等地进行碳排放交易的试点，并取得良好效果。2021 年 2 月起，我国正式施行《碳排放权交易管理办法（试行）》，要求年温室气体排放量达到 2.6 万吨二氧化碳（相当于 1 万吨标煤）当量及以上的企业需买入碳排放权配额。该办法的实行也标志着我国第一次从国家层面将温室气体控排责任压实到企业，通过市场倒逼机制，推动绿色低碳发展。③

在碳排放法规的严格规制下，企业越来越重视低碳化运作。再制造作为一种经济环保的生产方式，能够显著地降低能源消耗和温室气体的排放。许多原始制造商，如施乐、佳能、卡特彼勒和博世等，通过从事再制造业务实现了经济效益和环境效益的双赢。④⑤ 例如，博世公司从 20 世纪 80 年代开始在德国实行再制造项目（Exchange Project），再制造产品范围包括起动机和发电机、制动系统、汽油系统以及柴油系统等，每年比使用新零件节约 40% 的成本，同时减少 2.3 万吨的二氧化碳排放量。⑥⑦ 从 1995 年开始富士施乐开始将物流翻新和再制造政策引入产品设计中，到

①　G Hua, T Cheng, S Wang. Managing carbon footprints in inventory management [J]. International Journal of Production Economics, 2011, 132 (2): 178 – 185.

②　A Chaabane, A Ramudhin, M Paquet. Design of sustainable supply chains under the emission trading scheme [J]. International Journal of Production Economics, 2012, 135 (1): 37 – 49.

③　廖诺, 赵亚莉, 贺勇, 等. 碳交易政策对电煤供应链利润及碳排放量影响的仿真分析 [J]. 中国管理科学, 2018, 26 (8): 154 – 163.

④　P He, W Zhang, X Xu, et al. Production lot-sizing and carbon emissions under cap-and-trade and carbon tax regulations [J]. Journal of Cleaner Production, 2015, 103: 241 – 248.

⑤　J Ji, Z Zhang, L Yang. Carbon emission reduction decisions in the retail – /dual-channel supply chain with consumers' preference [J]. Journal of Cleaner Production, 2017, 141: 852 – 867.

⑥　L Yang, Y Hu, L Huang. Collecting mode selection in a remanufacturing supply chain under cap-and-trade regulation [J]. European Journal of Operational Research, 2020, 287 (2): 480 – 496.

⑦　X Wang, Y Zhu, H Sun, et al. Production decisions of new and remanufactured products: Implications for low carbon emission economy [J]. Journal of cleaner production, 2018, 171: 1225 – 1243.

2007年10月已累计避免10万吨的二氧化碳排放。① 此外,很多制造商在生产运作中进行减排投资,真正达到从源头上降低碳排放和碳交易成本的目的。对于本书而言,在碳排放规制下原始制造商如何通过减排投资应对产品侵蚀,自主减排投资对企业的再制造决策和收益产生怎样的影响,都是本章需要解决的问题。

目前通行的两种基于市场的碳减排措施分别是碳排放权交易和碳税,前者规定了碳排放许可的限额,后者则规定了碳排放许可的价格。本书在模型中引入碳排放限额和碳交易价格两个参数,构建了碳排放规制下的再制造外包供应链模型,对碳排放规制下原始制造商的再制造决策和减排决策进行研究,分析碳配额、减排水平等参数对均衡决策的影响,并对比分析回收策略和再营销策略在碳排放规制下应对产品侵蚀问题的适用性。

本章具体结构安排如下:第4.2节为模型构建,具体阐述假设条件与模型构建情况;第4.3节为模型求解与分析,对碳排放规制下的供应链模型进行求解,对比两种决策模型的各种变量关系,并分析碳配额、减排水平等因素对供应链均衡结果的影响;第4.4节为数值分析,进一步验证求解的结论;第4.5节为本章小结与管理启示,总结了本章的研究发现与结果,并给出相应的管理启示。

4.2 模型构建

本章基于第3章的基本模型,构建碳排放规制下的再制造外包供应链模型,如图4-1所示。原始制造商在生产过程中产生的碳排放总量受到政府的规制,政府根据其历史碳排放水平分配初始碳配额,当制造商碳配额

---

① Q P Qiang. The closed-loop supply chain network with competition and design for remanufacture-ability [J]. Journal of Cleaner Production, 2015, 105: 348 - 356.

剩余时，可在碳交易市场中以一定的价格出售，相应地，若制造商的实际碳排放超出初始配额，则需要在碳交易市场中购买配额来满足自身排放需求，避免超出碳配额受到政府惩罚。原始制造商将再制造业务外包给再制造商，并通过回收策略和再营销策略应对再制造侵蚀，其假设与第 3 章一致。

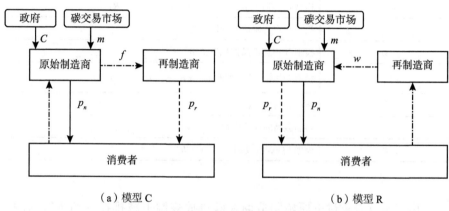

（a）模型 C　　　　　　　　　　　　　（b）模型 R

图 4 - 1　碳排放规制下的再制造外包供应链模型

本节主要研究碳排放规制下再制造外包的渠道策略，主要涉及的参数包括再制造和碳交易的相关参数。相关参数的具体符号及对应含义如表 4 - 1 所示。

表 4 - 1　　　　　　　　　　　　相关参数与定义

参数	定义
m	碳交易市场中单位碳价
s	生产新产品的单位减排水平
K	政府分配的碳配额
e	新产品生产过程中的单位碳排放
η	减排投资成本系数

参数	定义
γ	再制造品的消费者价值折扣
c_n/c_r	新产品和再制造品的单位制造成本
k	回收成本系数
p_n^i/p_r^i	模型 i 中新产品/再制造品的价格，$i\in(C,\ R)$
q_n^i/q_r^i	模型 i 中新产品/再制造品的数量，$i\in(C,\ R)$
f	模型 C 中再制造专利许可费
w	模型 R 中新产品的批发价格
$\prod_x^i$	模型 i 中参与者 x 的利润，$x\in(m,\ a)$，$i\in(C,\ R)$
i_n	新产品的环境影响
i_u	再制造品的环境影响
E^i	模型 i 的碳排放额，$i\in(C,\ R)$

由于本章着重讨论原始制造商在碳排放规制下减排投资的决策问题，模型中所使用的需求函数与第 3 章的需求函数相同，故此处省略需求函数的推导过程。其他假设条件如下：

（1）同第 3 章一致，假设原始制造商和再制造商进行 Stackelberg 博弈，其中原始制造商为领导者，通过回收或再营销两种模式将再制造业务外包给再制造商。在回收模式下，制造商负责回收废旧产品，并通过收取专利许可费将再制造的运作外包给再制造商，制造商只负责生产和销售新产品。在营销模式下，制造商只将废旧产品的回收和再制造品的生产外包给再制造商，并支付相应的批发价格购买再制造品，新产品和再制造品的销售全部由制造商负责。

（2）令 $c_s=c_n-c_r$ 表示再制造比新产品生产节约的程度，为了方便求解，令 $c_r=0$。其他假设条件使用第 3 章的假设条件。

（3）碳排放规制下，政府通过核算原始制造商的历史碳排放量来分配

碳配额 K。原始制造商在生产过程中产生的碳排放总量与产品数量成正比。由于生产再制造品的碳排放少于生产新产品，故本书假设新产品的单位排放为 e，再制造品的排放为 te，且 $0 < t < 1$。当碳排放总量超过碳配额 K 时，原始制造商可从碳交易市场中以单位碳价 m 购买配额来抵消超出的 K 部分，反之，若原始制造商的碳排放总量低于碳配额 K，则可将多余的配额以单位碳价 m 售出以获得收益。原始制造商为了更好地利用碳排放进行减排投资，假设减排投资的成本系数为 η，s 代表生产新产品的单位减排水平，则 $\frac{1}{2}\eta s^2$ 为原始制造商的减排投资成本。本书借鉴相关文献①②，假设减排投资的成本系数为 η 足够大，即 $\eta > \frac{m^2}{2}$。同时，参考相关文献③，假定负责销售产品的一方需要向政府缴纳碳税，在回收模式下，原始制造商只负责销售新产品，其排放额为 $(e-s)q_n$，再制造商负责销售再制造品，其排放额为 teq_r；在再营销模式下，原始制造商同时负责销售新产品和再制造品，其排放额为 $(e-s)q_n + teq_r$。假设总排放额为 E^i，则 $E^i = (e-s)q_n^i + teq_r^i$，其中 $i \in (C, R)$。

基于上述假设条件，在给定的初始碳配额下，研究碳排放规制下原始制造的投资减排对再制造策略的影响。

情形 1：原始制造商通过回收策略进行再制造外包（模型 C），制造商只负责销售新产品，其排放额为 $(e-s)q_n$，再制造商负责销售再制造品，其排放额为 teq_r，则制造商和再制造商的利润函数分别如式（4-1）和式

① L Yang, J Ji, M Wang, et al. The manufacturer's joint decisions of channel selections and carbon emission reductions under the cap-and-trade regulation [J]. Journal of Cleaner Production, 2018, 193: 506-523.

② Q Bai, J Xu, Y Zhang. Emission reduction decision and coordination of a make-to-order supply chain with two products under cap-and-trade regulation [J]. Computers & Industrial Engineering, 2018, 119: 131-145.

③ X Chen, H Yang, X Wang, et al. Optimal carbon tax design for achieving low carbon supply chains [J]. Annals of Operations Research, 2020, 9 (1): 1-28.

（4-2）所示。供应链博弈模型决策顺序为：原始制造商宣布再制造品的专利许可费和新产品的减排水平，然后原始制造商和再制造商通过决定新产品和再制造品的最佳数量来最大化其利润。

$$\max_{f,w,q_n} \prod_m^C = (p_n - c_s)q_n + fq_r - \frac{1}{2}kq_r^2 + m(K - (e-s)q_n) - \frac{1}{2}\eta s^2$$

（4-1）

$$\max_{q_r} \prod_a^C = p_r q_r - fq_r - teq_r$$ （4-2）

情形 2：原始制造商通过再营销策略进行再制造外包（模型 R），新产品和再制造品全部通过原始制造商进行分销，其排放额为 $(e-s)q_n + teq_r$，则原始制造商和再制造商的利润函数分别如式（4-3）和式（4-4）所示。供应链博弈模型决策顺序为：原始制造商决定再制造品的批发价格和新产品的减排水平，然后原始制造商和再制造商通过决定新产品和再制造品的最佳数量来最大化其利润。

$$\max_{q_n,w} \prod_m^R = (p_n - c_s)q_n + (p_r - w)q_r + m(K - (e-s)q_n - teq_r) - \frac{1}{2}\eta s^2$$

（4-3）

$$\max_{q_r} \prod_a^R = wq_r - \frac{1}{2}kq_r^2$$ （4-4）

4.3　模型求解与分析

4.3.1　均衡决策

本部分首先根据逆向归纳法求解模型 C 和模型 R 的均衡决策，其结果见引理 4.1 和引理 4.2。

引理 4.1 模型 C 中的专利许可费、减排水平、均衡数量、利润和排放额可归纳为：

$$f^* = \frac{\begin{array}{c} 2m^2(\gamma - etm)(k + 2\gamma) + em\eta[k(4t - 2\gamma) - 4t\gamma(\gamma - 2) + \gamma^3] - \\ \gamma\eta[2k(1 + c_s) + \gamma(8 - 3\gamma - c_s\gamma)] \end{array}}{2km^2 + 8m^2\gamma + m^2\gamma^2 - 4k\gamma - 16\gamma\eta + 6\gamma^2\eta}$$

$$s^{C*} = \frac{m[2kA_1 + \gamma(-8 + 3\gamma + c_s(8 + \gamma) + em(8 - 4t + \gamma))]}{2km^2 + 8m^2\gamma + m^2\gamma^2 - 4k\gamma - 16\gamma\eta + 6\gamma^2\eta}$$

$$q_n^{C*} = \frac{m^2\gamma(\gamma - emt) + 2k\eta A_1 - \gamma\eta[8 + 8c_s(-8 + \gamma) - 3\gamma + em(-8 + 2t + \gamma)]}{2km^2 + 8m^2\gamma + m^2\gamma^2 - 4k\gamma - 16\gamma\eta + 6\gamma^2\eta}$$

$$q_r^{C*} = \frac{2(-etm^3 + m^2\gamma + 2emt\eta - 2c_s\gamma\eta - 2em\gamma\eta)}{2km^2 + 8m^2\gamma + m^2\gamma^2 - 4k\gamma - 16\gamma\eta + 6\gamma^2\eta}$$

$$\prod_m^{C*} = mK + \frac{\begin{array}{c} 2m^2(emt - \gamma)^2 - 2\eta(k + 4\gamma)A_1^2 + 4emt\eta(-emt + 2c_s\gamma + \\ 2em\gamma) - \gamma^2\eta[-3 + c_s^2 + (2c_s + em)(3 + em) + 3em] \end{array}}{2km^2 + 8m^2\gamma + m^2\gamma^2 - 4k\gamma - 16\gamma\eta + 6\gamma^2\eta}$$

$$\prod_a^{C*} = \frac{4\gamma[m^2(-emt + \gamma) - 2(c_s\gamma - emt + em\gamma)\eta]^2}{(2km^2 + 8m^2\gamma + m^2\gamma^2 - 4k\gamma - 16\gamma\eta + 6\gamma^2\eta)^2}$$

$$E_a^{C*} = \frac{2et[-etm^3 + m^2\gamma + 2emt\eta - 2\gamma\eta(A_1 + 1)]}{2km^2 + 8m^2\gamma + m^2\gamma^2 - 4k\gamma - 16\gamma\eta + 6\gamma^2\eta} - \frac{[mA_1A_2 + 4m^2\gamma - em^2(A_2 + 4t\gamma) + 2e\eta(A_2 - 4\gamma^2)][\eta A_1(A_2 - 2\gamma^2) - \gamma(emt - \gamma)(m^2 + 2\eta)]}{(2km^2 + 8m^2\gamma + m^2\gamma^2 - 4k\gamma - 16\gamma\eta + 6\gamma^2\eta)^2}$$

其中，$A_1 = -1 + c_s + em$，$A_2 = 2k + 8\gamma + \gamma^2$。

证明： 将新产品和再制造品的逆向需求函数分别代入式（4-1）原始制造商利润函数和式（4-2）再制造商利润函数，分别求关于 q_n 和 q_r 的二阶导数可得，$\frac{\partial^2 \prod_m^C}{\partial q_n^2} = -2 < 0$ 和 $\frac{\partial^2 \prod_a^C}{\partial q_r^2} = -2\gamma < 0$，显然制造商利润函数和再制造商利润函数分别是关于 q_n 和 q_r 的严格凹函数，存在唯一最优解。联立两者利润函数关于 q_n 和 q_r 的一阶偏导数方程组：

$$\begin{cases} \dfrac{\partial \prod\limits_m^C}{\partial q_n} = 0 \\[3mm] \dfrac{\partial \prod\limits_a^C}{\partial q_r} = 0 \end{cases}$$

求解该一阶偏导数方程组即可得出新产品和再制造品的最优需求：

$$q_n^{C*} = 1 + \frac{2 + 2c_s - f + 2em - 2ms - emt}{\gamma - 4} \tag{4-5}$$

$$q_r^{C*} = \frac{-2 - 2c_s + f - 2em + 2ms + emt}{2(\gamma - 4)} - \frac{f + emt}{2\gamma} \tag{4-6}$$

再将 q_n^{C*} 和 q_r^{C*} 代入制造商利润函数，求制造商利润函数关于授权价格 f 和减排水平 s 的导数，可得制造商利润函数关于 f 和 s 的海塞矩阵：

$$H = \begin{bmatrix} h_{11} & h_{12} \\ h_{21} & h_{22} \end{bmatrix} = \begin{bmatrix} \dfrac{\partial^2 \prod\limits_m^C}{\partial f^2} & \dfrac{\partial^2 \prod\limits_m^C}{\partial f \partial s} \\[4mm] \dfrac{\partial^2 \prod\limits_m^C}{\partial s \partial f} & \dfrac{\partial^2 \prod\limits_m^C}{\partial s^2} \end{bmatrix}$$

$$= \begin{bmatrix} \dfrac{-4k + 2\gamma(-8 + 3\gamma)}{\gamma^2(-4 + \gamma)^2} & \dfrac{m(-2k + \gamma^2)}{\gamma(-4 + \gamma)^2} \\[4mm] \dfrac{m(-2k + \gamma^2)}{\gamma(-4 + \gamma)^2} & \dfrac{m^2(8 - k) - \eta(-4 + \gamma)^2}{(-4 + \gamma)^2} \end{bmatrix}$$

显然 $h_{11} < 0$，为保证 $|H| = \dfrac{-2k(m^2 - 2\eta) - \gamma(m^2(8 + \gamma) + 2(-8 + 3\gamma)\eta)}{(-4 + \gamma)^2 \gamma^2} >$

0，即 $\eta > \dfrac{2km^2 + 8\gamma m^2 + m^2\gamma^2}{4k + 16\gamma - 6\gamma^2}$，此时海塞矩阵负定。因此，根据一阶条件，

将 $\dfrac{\partial \prod\limits_m^C}{\partial f} = 0$ 和 $\dfrac{\partial \prod\limits_m^C}{\partial s} = 0$ 两式联立求解，得到唯一最优解 f^* 和 s^{C*}，然后

将 f^* 和 s^{C*} 代入式（4-5）和式（4-6），得到最优解 q_n^{C*} 和 q_r^{C*}，并可求解出最优利润及排放额，引理 4.1 证明完毕。

引理 4.2 模型 R 中的批发价格、减排水平、均衡数量、利润和排放

额可归纳为：

$$w^* = \frac{k[m^2(-emt+\gamma)-2\eta(c_s\gamma-emt+em\gamma)]}{2[m^2(k+\gamma)-2(k+\gamma-\gamma^2)\eta]}$$

$$s^{R*} = \frac{m[kA_1+\gamma(A_1-emt+\gamma)]}{m^2(k+\gamma)-2(k+\gamma-\gamma^2)\eta}$$

$$q_n^{R*} = \frac{\eta[kA_1+\gamma(A_1-emt+\gamma)]}{m^2(k+\gamma)-2(k+\gamma-\gamma^2)\eta}$$

$$q_r^{R*} = \frac{m^2(-emt+\gamma)-2\eta(c_s\gamma-emt+em\gamma)}{2m^2(k+\gamma)-4(k+\gamma-\gamma^2)\eta}$$

$$\prod{}_m^{R*} = mK + \frac{\begin{array}{c}m^2(emt-\gamma)^2-2k\eta(-1+c_s)^2-2\eta[em(2kA_1-emk-\\ emt^2)+\gamma+\gamma(A_1+1)(A_1-1-2emt)+(2A_1+1)\gamma^2]\end{array}}{4[m^2(k+\gamma)-2(k+\gamma-\gamma^2)\eta]}$$

$$\prod{}_a^{R*} = \frac{k[m^2(emt-\gamma)-2\eta(c_s\gamma-emt+em\gamma)]^2}{8[m^2(k+\gamma)-2(k+\gamma-\gamma^2)\eta]^2}$$

$$E_a^{R*} = \frac{et[m^2(-etm+\gamma)-2\eta(c_s\gamma-emt+em\gamma)]}{2[m^2(k+\gamma)-2(k+\gamma-\gamma^2)\eta]} - \frac{\eta[kA_1+\gamma(A_1-emt+\gamma)][mk(-1+c_s)+m\gamma(A_1-2emt+\gamma)+2e\eta(k+\gamma-\gamma^2)]}{[m^2(k+\gamma)-2(k+\gamma-\gamma^2)\eta]^2}$$

其中，$A_1 = -1+c_s+em$。

证明： 将新产品和再制造品的逆向需求函数分别代入式（4-3）原始制造商利润函数和式（4-4）再制造商利润函数，分别求关于 q_n 和 q_r 的二阶导数可得，$\dfrac{\partial^2\prod_m^R}{\partial q_n^2} = -2 < 0$ 和 $\dfrac{\partial^2\prod_a^R}{\partial q_r^2} = -k < 0$，显然制造商利润函数和再制造商利润函数分别是关于 q_n 和 q_r 的严格凹函数，存在唯一最优解。联立两者利润函数关于 q_n 和 q_r 的一阶偏导数方程组：

$$\begin{cases} \dfrac{\partial\prod_m^R}{\partial q_n} = 0 \\ \dfrac{\partial\prod_a^R}{\partial q_r} = 0 \end{cases}$$

求解该一阶偏导数方程组即可得出新产品和再制造品的最优需求：

$$q_n^{R*} = \frac{1}{2}(1 - c_s - em + ms) + \frac{\gamma(emt - \gamma)}{k} \qquad (4-7)$$

$$q_r^{C*} = \frac{w}{k} \qquad (4-8)$$

再将 q_n^{C*} 和 q_r^{C*} 代入制造商利润函数，求制造商利润函数关于批发价格 w 和减排水平 s 的导数，可得制造商利润函数关于 w 和 s 的海塞矩阵：

$$H = \begin{bmatrix} h_{11} & h_{12} \\ h_{21} & h_{22} \end{bmatrix} = \begin{bmatrix} \dfrac{\partial^2 \prod_m^R}{\partial w^2} & \dfrac{\partial^2 \prod_m^R}{\partial w \partial s} \\ \dfrac{\partial^2 \prod_m^R}{\partial s \partial w} & \dfrac{\partial^2 \prod_m^R}{\partial s^2} \end{bmatrix} = \begin{bmatrix} \dfrac{-2(k + \gamma - \gamma^2)}{k^2} & \dfrac{-m\gamma}{k} \\ \dfrac{-m\gamma}{k} & \dfrac{1}{2}(m^2 - 2\eta) \end{bmatrix}$$

由于 $1 > \gamma > 0$，所以 $h_{11} < 0$。为保证 $|H| = \dfrac{-k(m^2 - 2\eta) - \gamma[m^2 + 2(-1 + \gamma)\eta]}{k^2} > 0$，即 $\eta > \dfrac{m^2(k + \gamma)}{2k + 2\gamma - 2\gamma^2}$，此时海塞矩阵负定。因此，根据一阶条件，将 $\dfrac{\partial \prod_m^R}{\partial f} = 0$ 和 $\dfrac{\partial \prod_m^R}{\partial s} = 0$ 两式联立求解，得到唯一最优解 w^* 和 s^{C*}，然后将 w^* 和 s^{C*} 代入式（4-7）和式（4-8），得到最优解 q_n^{R*} 和 q_r^{R*}，并可求解出最优利润及排放额，引理 4.2 证明完毕。

为保证两个模型可以进行比较，本书需要保证各决策变量都大于零，且 $0 < q_r < q_n$，求解得到以下边界条件：

$$\frac{m^2(\gamma - em) + 2em\eta(1 - \gamma)}{2\gamma\eta} < c_s <$$

$$\frac{m^2(\gamma - em) + 2k\eta + 2em\eta(1 - k - \gamma) + 2\gamma\eta(1 - \eta)}{2k\eta + 4\gamma\eta} \qquad (4-9)$$

4.3.2　参数对均衡结果的影响

根据引理4.1和引理4.2，本书可以得到以下推论。

推论4.1　回收成本系数 k 对最优决策和利润的影响为：

$$\frac{\partial q_n^{C*}}{\partial k}>0,\ \frac{\partial q_r^{C*}}{\partial k}<0,\ \frac{\partial s^{C*}}{\partial k}>0,\ \frac{\partial \prod_m^{C*}}{\partial k}<0,\ \frac{\partial \prod_a^{C*}}{\partial k}<0;$$

$$\frac{\partial q_n^{R*}}{\partial k}>0,\ \frac{\partial q_r^{R*}}{\partial k}<0,\ \frac{\partial s^{R*}}{\partial k}>0,\ \frac{\partial \prod_m^{R*}}{\partial k}<0,\ \frac{\partial \prod_a^{R*}}{\partial k}<0。$$

证明： $\dfrac{\partial q_n^{C*}}{\partial k}=\dfrac{2\gamma(m^2+2\eta)(2c_n\eta\gamma-m^2\gamma+em^3t-2em\eta t+2em\eta\gamma)}{(m^2\gamma(8+\gamma)+2k(m^2-2\gamma)+2\eta\gamma(-8+3)\gamma)^2}$，根据

式（4-9） c_s 的边界条件，可得 $(2c_n\eta\gamma-m^2\gamma+em^3t-2em\eta t+2em\eta\gamma)>$

0，即 $\dfrac{\partial q_n^{C*}}{\partial k}>0$，

同理 $\dfrac{\partial q_r^{C*}}{\partial k}=\dfrac{2\gamma(m^2-2\eta)(2c_n\eta\gamma-m^2\gamma+em^3t-2em\eta t+2em\eta\gamma)}{(m^2\gamma(8+\gamma)+2k(m^2-2\gamma)+2\eta\gamma(-8+3)\gamma)^2}<0,$

$$\frac{\partial s^{C*}}{\partial k}=\frac{8m\gamma(2c_n\eta\gamma-m^2\gamma+em^3t-2em\eta t+2em\eta\gamma)}{(m^2\gamma(8+\gamma)+2k(m^2-2\gamma)+2\eta\gamma(-8+3)\gamma)^2}>0,$$

$$\frac{\partial \prod_m^{C*}}{\partial k}=-\frac{(2m^2(\gamma-emt)-2c_n\eta\gamma+2em\eta(t-\gamma))^2}{(m^2\gamma(8+\gamma)+2k(m^2-2\gamma)+2\eta\gamma(-8+3)\gamma)^2}<0,$$

$$\frac{\partial \prod_a^{C*}}{\partial k}=\frac{-16\gamma(m^2-2\eta)(m^2(\gamma-emt)-2c_n\eta\gamma+2em\eta(t-\gamma))^2}{(m^2\gamma(8+\gamma)+2k(m^2-2\gamma)+2\eta\gamma(-8+3)\gamma)^3}<0,$$

$$\frac{\partial q_n^{R*}}{\partial k}=\frac{\gamma\eta(2c_n\eta\gamma-m^2\gamma+em^3t-2em\eta t+2em\eta\gamma)}{(m^2(k+\gamma)-2\eta(k+\gamma-\gamma^2))^2}>0,$$

$$\frac{\partial q_r^{R*}}{\partial k}=\frac{2(m^2-2\eta)(2c_n\eta\gamma-m^2\gamma+em^3t-2em\eta t+2em\eta\gamma)}{(m^2(k+\gamma)-2\eta(k+\gamma-\gamma^2))^2}<0,$$

$$\frac{\partial s^{C*}}{\partial k}=\frac{m^3\gamma(emt-\gamma)+2m\eta\gamma(c_n\gamma-emt+em\gamma)}{(m^2(k+\gamma)-2\eta(k+\gamma-\gamma^2))^2}>0,$$

$$\frac{\partial \prod_m^{R^*}}{\partial k} = -\frac{(m^2(\gamma - emt) - 2c_n\eta\gamma + 2em\eta(t - \gamma))^2}{4(m^2(k + \gamma) - 2\eta(k + \gamma - \gamma^2))^2} < 0$$

$$\frac{\partial \prod_a^{R^*}}{\partial k} = \frac{(m^2\eta(\gamma - k) + 2k\eta + 2\eta\gamma(\gamma - 1))}{(m^2(k + \gamma) - 2\eta(k + \gamma - \gamma^2))^3}(m^2(\gamma - emt) - 2c_n\eta\gamma + 2em\eta(t - \gamma))^2 < 0 , 推论 4.1 证$$

明完毕。

推论 4.1 和推论 3.1 一致，表明在碳交易机制下，回收成本参数 k 对最优决策和利润的影响不发生变化，即无论制造商采取哪种渠道策略，新产品需求随回收成本的上升而增加，而再制造品需求则随回收成本的上升而下降，双方利润都会随着回收成本的上升而下降。该结论进一步表明在碳交易机制下，回收成本的增加不仅降低了再制造品的侵蚀效果，也会降低制造商的利润，制造商应如何选择渠道策略则需要进一步对比分析。此外，原始制造商的减排水平随回收成本的上升而增加，即回收成本的上升会导致原始制造商选择更高的投资水平。

推论 4.2 减排投资成本系统 η 对最优决策和利润的影响为：

$$\frac{\partial q_n^{C^*}}{\partial \eta} < 0, \ \frac{\partial q_r^{C^*}}{\partial \eta} > 0, \ \frac{\partial s^{C^*}}{\partial \eta} < 0, \ \frac{\partial \prod_m^{C^*}}{\partial \eta} < 0, \ \frac{\partial \prod_a^{C^*}}{\partial \eta} > 0;$$

$$\frac{\partial q_n^{R^*}}{\partial \eta} < 0, \ \frac{\partial q_r^{R^*}}{\partial \eta} > 0, \ \frac{\partial s^{R^*}}{\partial \eta} < 0, \ \frac{\partial \prod_m^{R^*}}{\partial \eta} < 0, \ \frac{\partial \prod_a^{R^*}}{\partial \eta} > 0 。$$

证明： $\dfrac{\partial q_n^{C^*}}{\partial \eta} = \dfrac{m^2(2k + 8\gamma - \gamma^2)(2kA + \gamma(A + 3\gamma + c_s\gamma - 4emt + em\gamma))}{(m^2\gamma(8 + \gamma) + 2k(m^2 - 2\eta) - 2\gamma\eta(-8 + 3\gamma))^2},$

由 $1 > \gamma > 0$ 和 c_s 边界条件，易知 $2k + 8\gamma - \gamma^2 > 0$ 和 $2kA + \gamma(A + 3\gamma + c_s\gamma -$

$4emt + em\gamma) < 0$，即 $\dfrac{\partial q_n^{C^*}}{\partial \eta} < 0$。

同理 $\dfrac{\partial q_r^{C^*}}{\partial \eta} = \dfrac{-4m^2\gamma(2kA + \gamma(A + 3\gamma + c_s\gamma - 4emt + em\gamma))}{(m^2\gamma(8 + \gamma) + 2k(m^2 - 2\eta) - 2\gamma\eta(-8 + 3\gamma))^2} > 0,$

$\dfrac{\partial s^{C^*}}{\partial \eta} = \dfrac{2m(2k + 8\gamma - \gamma^2)(2kA + \gamma(A + 3\gamma + c_s\gamma - 4emt + em\gamma))}{(m^2\gamma(8 + \gamma) + 2k(m^2 - 2\eta) - 2\gamma\eta(-8 + 3\gamma))^2} < 0,$

$$\frac{\partial \prod_m^{C*}}{\partial \eta} = \frac{-m^2(2kA + \gamma(A + 3\gamma + c_s\gamma - 4emt + em\gamma))^2}{2(m^2\gamma(8+\gamma) + 2k(m^2-2\eta) - 2\gamma\eta(-8+3\gamma))^2} < 0,$$

$$\frac{\partial \prod_a^{C*}}{\partial \eta} = \frac{16m^2\gamma^2(2kA + \gamma(A + 3\gamma + c_s\gamma - 4emt + em\gamma))}{2(m^2\gamma(8+\gamma) + 2k(m^2-2\eta) - 2\gamma\eta(-8+3\gamma))^3} > 0,$$

$$\frac{\partial q_n^{R*}}{\partial \eta} = \frac{m^2(k+\gamma)(kA + \gamma(A - emt + \gamma))}{(m^2(k+\gamma) - 2\eta(k+\gamma-\gamma^2))^2} < 0,$$

$$\frac{\partial q_r^{R*}}{\partial \eta} = \frac{-m^2\gamma(kA + \gamma(A - emt + \gamma))}{(m^2(k+\gamma) - 2\eta(k+\gamma-\gamma^2))^2} > 0,$$

$$\frac{\partial s^{R*}}{\partial \eta} = \frac{2m(k+\gamma-\gamma^2)(kA + \gamma(A - emt + \gamma))}{(m^2(k+\gamma) - 2\eta(k+\gamma-\gamma^2))^2} < 0,$$

$$\frac{\partial \prod_m^{R*}}{\partial \eta} = \frac{-m^2(kA + \gamma(A - emt + \gamma))^2}{2(m^2(k+\gamma) - 2\eta(k+\gamma-\gamma^2))^2} < 0,$$

$$\frac{\partial \prod_a^{R*}}{\partial \eta} = \frac{km^2\gamma(kA + \gamma(A - emt + \gamma))(2c_s\gamma\eta - m^2\gamma + em(m^2t + 2\gamma\eta - 2t\eta))}{(m^2(k+\gamma) - 2\eta(k+\gamma-\gamma^2))^2} >$$

0 ，推论 4.2 证明完毕。

推论 4.2 反映了减排投资成本系数对于最优需求、减排水平和利润等决策变量的影响。首先，新产品的需求随着减排成本上升而下降，而再制造品的需求则随减排成本上升而增加。这是由于随着减排成本上升，制造商会将成本转移至消费者，提高新产品的售价，消费者对于新产品的需求也会逐渐下降，制造商只能通过增加再制造品的产量来弥补利润损失。其次，减排成本增高，迫使制造商降低减排水平，制造商的减排水平会随着减排成本上升而下降。最后，制造商和再制造商的利润随着减排成本上升而下降。这是由于减排成本的上升会导致新产品需求的下降，这也是制造商的主要利润来源，因此制造商会通过提高授权费（回收策略）或降低批发价格（再营销策略）来从再制造中获取更多的利润，这也导致了尽管再制造品的需求增加，但再制造商的利润仍会下降。

推论 4.2 进一步表明，在碳排放规制下，提高投资减排成本，不仅可以减少原生材料的消耗，降低新产品生产过程中的碳排放量，还有助于推动原始制造商参与废旧产品的回收再制造活动，进而促进资源的有效利用及低碳目标的实现。

推论 4.3 碳配额 K 对最优决策和利润的影响为：

$$\frac{\partial q_n^{C*}}{\partial K}=0,\ \frac{\partial q_r^{C*}}{\partial K}=0,\ \frac{\partial s^{C*}}{\partial K}=0,\ \frac{\partial \prod_m^{C*}}{\partial K}>0,\ \frac{\partial \prod_a^{C*}}{\partial K}=0;$$

$$\frac{\partial q_n^{R*}}{\partial K}=0,\ \frac{\partial q_r^{R*}}{\partial K}=0,\ \frac{\partial s^{R*}}{\partial K}=0,\ \frac{\partial \prod_m^{R*}}{\partial K}>0,\ \frac{\partial \prod_a^{R*}}{\partial K}=0。$$

证明： $\dfrac{\partial \prod_m^{C*}}{\partial K}=\dfrac{\partial \prod_m^{R*}}{\partial K}=m>0,$

$$\frac{\partial q_n^{C*}}{\partial K}=\frac{\partial q_r^{C*}}{\partial K}=\frac{\partial s^{C*}}{\partial K}=\frac{\partial \prod_a^{C*}}{\partial K}=0,$$

$$\frac{\partial q_n^{R*}}{\partial K}=\frac{\partial q_r^{R*}}{\partial K}=\frac{\partial s^{R*}}{\partial K}=\frac{\partial \prod_a^{R*}}{\partial K}=0，推论 4.3 证明完毕。$$

推论 4.3 表明，初始碳配额越大，制造商利润越高，因为制造商可以把剩余碳排放配额通过碳交易市场售出而获益。其他决策变量，如新产品和再制造品的需求、制造商的减排水平以及再制造商的利润则与初始碳配额无关。

4.3.3 模型比较

本部分主要分析碳排放规制下不同渠道策略对原始制造商和再制造商的均衡决策、利润和环境的影响。因此，基于引理 4.1 和引理 4.2，本书首先比较两种模型的均衡决策，然后分别从经济角度和环境角度探析两种渠道策略的优劣。

命题 4.1 与模型 R 相比，模型 C 对新产品的需求更大，即 $q_n^{C*}>q_n^{R*}$。

证明：求解 2 个模型均衡解时，为保证所有决策变量大于零，得到以下边界条件：

令 $k_1 = \dfrac{4\gamma + \gamma^2}{2}$，$\eta_1 = \dfrac{m^2(k+\gamma)}{2k+2\gamma-2\gamma^2}$ 和 $\eta_2 = \dfrac{m^2(2k+8\gamma+\gamma^2)}{4k+16\gamma-6\gamma^2}$，

当 $k < k_1$ 时，$\eta > \eta_1$ 且 $c_s > \dfrac{-em^3 + m^2\gamma + 2em\eta - 2em\gamma\gamma}{2\gamma\eta}$，

当 $k > k_1$ 时，$\eta > \eta_2$ 且 $c_s > \dfrac{-em^3 + m^2\gamma + 2em\eta - 2em\gamma\gamma}{2\gamma\eta}$。

$$q_n^{C*} - q_n^{R*} = -\frac{\gamma(em^3 t - m^2\gamma - 2emt\eta + 2c_s\gamma\eta + 2em\gamma\eta)(km^2 + m^2\gamma - 6\gamma\eta + \gamma^2\eta)}{(km^2 + m^2\gamma - 2k\eta - 2\gamma\eta + 2\gamma^2\eta)}$$
$$(2km^2 + 8m^2\gamma + m^2\gamma^2 - 4k\eta - 16\gamma\eta + 6\gamma^2\eta)$$

根据式（4-6）c_s 的边界条件，易知 $em^3 t - m^2\gamma - 2emt\eta + 2c_s\gamma\eta + 2em\gamma\eta > 0$，$2km^2 + 8m^2\gamma + m^2\gamma^2 - 4k\eta - 16\gamma\eta + 6\gamma^2\eta < 0$，$km^2 + m^2\gamma - 2k\eta - 2\gamma\eta + 2\gamma^2\eta < 0$ 和 $km^2 + m^2\gamma - 6\gamma\eta + \gamma^2\eta < 0$，从而保证 $q_n^{C*} - q_n^{R*} > 0$，即 $q_n^{C*} > q_n^{R*}$，命题 4.1 证明完毕。

命题 4.1 和命题 3.1 一致，表明碳排放规制下制造商选择回收策略会提供更多的新产品。这意味着碳排放规制下，制造商在面对再制造品侵蚀时，回收策略依旧更加有效，可以提供更多的新产品。

命题 4.2　当回收成本系数 $k < k_1$ 时，模型 C 中再制造品的最优数量少于模型 R 中再制造品的最优数量，即 $q_r^{C*} < q_r^{R*}$。反之亦然。

证明：$\dfrac{q_r^{C*}}{q_r^{R*}} = \dfrac{4(km^2 + m^2\gamma - 2k\eta - 2\gamma\eta + 2\gamma^2\eta)}{2km^2 + 8m^2\gamma + m^2\gamma^2 - 4k\eta - 16\gamma\eta + 6\gamma^2\eta}$，

分子减去分母可化简为 $(2k - 4\gamma + 4\gamma^2)(m^2 - 2\eta)$，

在边界条件下，易知 $m^2 - 2\eta > 0$，

对于因式 $2k - 4\gamma - \gamma^2$，显然存在 $k_1 = \dfrac{4\gamma + \gamma^2}{2}$，

当 $k < k_1$ 时，满足 $2k - 4\gamma - \gamma^2 < 0$，$\dfrac{q_r^{C*}}{q_r^{R*}} < 1$，即 $q_r^{C*} < q_r^{R*}$，

当 $k > k_1$ 时，满足 $2k - 4\gamma - \gamma^2 > 0$，$\dfrac{q_r^{C*}}{q_r^{R*}} > 1$，即 $q_r^{C*} > q_r^{R*}$，命题 4.2 证明完毕。

命题 4.2 与命题 3.2 一致，表明碳排放规制下回收成本对再制造品需求的影响。当回收成本系数相对较低时（$k < k_1$），销售再制造品的边际收益较高，模型 C 中再制造品的需求低于模型 R 中再制造品的需求，即 $q_r^{C*} < q_r^{R*}$。由命题 4.1 可知，由于模型 C 中制造商提供了更多的新产品（$q_n^{C*} > q_n^{R*}$），再制造品的潜在市场规模就会缩小，如果再制造商销售更多的再制造品，其价格将大幅下降，会导致其收益进一步减少。因此，当回收成本系数相对较低时，与 R 模型相比，再制造商提供的再制造品数量较少。

此外，当回收成本系数相对较高时（$k > k_1$），模型 C 中再制造品的需求高于模型 R 中再制造品的需求，即 $q_r^{C*} > q_r^{R*}$。随着回收成本系数的增加（特别是 $k > k_1$），再制造品的边际收益会减少。在模型 R 中，由于两种产品都由制造商分销，随着再制造品的边际收益减少，制造商提供更少的再制造品，从而可以降低再制造品对新产品的侵蚀问题。而在模型 C 中，由于再制造品的销售是再制造商利润的唯一来源，尽管再制造品的边际收益很小，再制造商也别无选择，只能提供更多的再制造品。

命题 4.2 意味着碳排放规制下，制造商在面对再制造品侵蚀时会根据回收成本的大小来选择不同的渠道策略。

命题 4.3 当回收成本系数 $k < k_1$ 时，模型 C 中制造商的均衡利润低于模型 R 中制造商的均衡利润，即 $\prod_m^{C*} < \prod_m^{R*}$。反之亦然。

证明：$\prod_m^{C*} - \prod_m^{R*} = \dfrac{(2k - 4\gamma + 4\gamma^2)(em^3 t - m^2\gamma - 2emt\eta + 2c_s\gamma\eta + 2em\gamma\eta)^2}{4(km^2 + m^2\gamma - 2k\eta - 2\gamma\eta + 2\gamma^2\eta)(2km^2 + 8m^2\gamma + m^2\gamma^2 - 4k\eta - 16\gamma\eta + 6\gamma^2\eta)}$

在边界条件下，易知 $km^2 + m^2\gamma - 2k\eta - 2\gamma\eta + 2\gamma^2\eta < 0$ 和 $2km^2 + 8m^2\gamma +$

$m^2\gamma^2 - 4k\eta - 16\gamma\eta + 6\gamma^2\eta < 0$，

对于分子因式 $2k - 4\gamma - \gamma^2$，显然存在 $k_1 = \dfrac{4\gamma + \gamma^2}{2}$，

当 $k < k_1$ 时，满足 $2k - 4\gamma - \gamma^2 < 0$，即 $\prod_m^{C*} < \prod_m^{R*}$，

当 $k > k_1$ 时，满足 $2k - 4\gamma - \gamma^2 > 0$，即 $\prod_m^{C*} > \prod_m^{R*}$，

命题 4.3 证明完毕。

命题 4.3 和命题 3.3 一致，表明在碳排放规制下回收成本对制造商利润的影响。当回收成本系数相对较低时（$k < k_1$），制造商从模型 C 中获取的利润低于模型 R，即 $\prod_m^{C*} < \prod_m^{R*}$。这说明再制造侵蚀问题的最小化并不等于制造商利润的最大化。具体来讲，当回收成本系数相对较低时（即 $k < k_1$），一方面原始制造商会提供更多的新产品（命题 4.1 中 $q_n^{C*} > q_n^{R*}$）来减小再制造品的侵蚀（命题 4.2 中 $q_r^{C*} < q_r^{R*}$），但另一方面也会降低制造商的利润（$\prod_m^{C*} < \prod_m^{R*}$）。

命题 4.3 进一步揭示了新产品和再制造品之间的竞争问题。再制造是产生额外利润的一种方式：低价的再制造品可以销售给支付意愿较低、不会购买新产品的这部分消费者。这意味着，在某些条件下，尽管再制造品的价格比新产品低得多，但仍然有利可图。命题 4.3 进一步揭示了碳排放规制下回收策略是否比再营销策略更有优势。

命题 4.4　当回收成本系数 $k < k_1$ 时，制造商在模型 C 中的减排水平大于模型 R 中的减排水平，即 $s^{C*} > s^{R*}$。反之亦然。

证明： $s^{C*} - s^{R*} = \dfrac{m\gamma(-2k + 4\gamma + \gamma^2)(em^3t - m^2\gamma - 2emt\eta + 2c_s\gamma\eta + 2em\gamma\eta)}{(km^2 + m^2\gamma - 2k\eta - 2\gamma\eta + 2\gamma^2\eta)(2km^2 + 8m^2\gamma + m^2\gamma^2 - 4k\eta - 16\gamma\eta + 6\gamma^2\eta)}$

在边界条件下，易知 $km^2 + m^2\gamma - 2k\eta - 2\gamma\eta + 2\gamma^2\eta < 0$ 和 $2km^2 + 8m^2\gamma + m^2\gamma^2 - 4k\eta - 16\gamma\eta + 6\gamma^2\eta < 0$，

由于 $\eta > \dfrac{m^2}{2}$ 且 $c_s > \dfrac{-em^3 + m^2\gamma + 2em\eta - 2em\gamma\eta}{2\gamma\eta}$，易知 $em^3t - m^2\gamma -$

$2emt\eta + 2c_s\gamma\eta + 2em\gamma\eta > 0$，

对于分子因式 $-2k + 4\gamma + \gamma^2$，显然存在 $k_1 = \dfrac{4\gamma + \gamma^2}{2}$，

当 $k < k_1$ 时，满足 $-2k + 4\gamma + \gamma^2 > 0$，即 $s^{C*} > s^{R*}$，

当 $k > k_1$ 时，满足 $-2k + 4\gamma + \gamma^2 < 0$，即 $s^{C*} < s^{R*}$，命题 4.4 证明完毕。

命题 4.4 表明碳排放规制下回收成本对制造商减排水平的影响。当回收成本系数相对较低时（$k < k_1$），制造商在模型 C 中减排水平更高，即 $s^{C*} > s^{R*}$。具体来讲，当回收成本系数相对较低时（$k < k_1$），一方面，销售新产品的边际收益较低，由于在模型 C 中制造商会提供更多的新产品（命题 4.1 中 $q_n^{C*} > q_n^{R*}$），但这并不合算，制造商会通过提高减排水平来减少新产品的需求；另一方面，销售再制造品的边际收益较高。在模型 R 中，为了补偿新产品销售中的利润"损失"，并最大限度地增加再制造品销售的利润，制造商可以通过降低减排水平来增加再制造品的需求。

4.4 数值分析

4.4.1 均衡决策比较

由于再制造商的利润和碳排放总额的表达式比较复杂，难以直接进行理论分析，故本部分采用数值仿真的方法进行研究。参考第 3 章中的数据来源，选择 2 种产品进行研究，考虑回收成本系数 $k \in \{0.1, 0.2\}$ 和 $k \in \{1.5, 2\}$ 分别代表低成本和高成本的情形。由于 c_s 表示再制造品比新

产品生产节约的程度，假定比率$\frac{c_s}{Q} = 0.05$。参考相关文献①②③，具体参数设置如下：$m = 0.6$，η 须足够大，设置为 $\eta = 100$，$\gamma = 0.6$，$t = 0.5$，$e = 1$。

首先，分析碳排放规制下再制造商利润的变化情况，为保证显示的结果有意义，本书选取两种情形下利润曲线横坐标范围为 $[0, 0.75]$。仿真结果如图 4-2 所示。

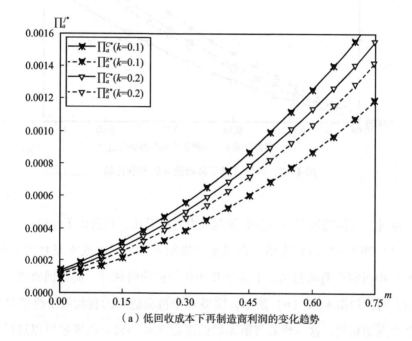

（a）低回收成本下再制造商利润的变化趋势

①　L Yang, J Ji, M Wang, et al. The manufacturer's joint decisions of channel selections and carbon emission reductions under the cap-and-trade regulation [J]. Journal of Cleaner Production, 2018, 193: 506 – 523.

②　L Xia, T Guo, J Qin, et al. Carbon emission reduction and pricing policies of a supply chain considering reciprocal preferences in cap-and-trade system [J]. Annals of Operations Research, 2018, 268 (1): 149 – 175.

③　Q Bai, J Xu, Y Zhang. Emission reduction decision and coordination of a make-to-order supply chain with two products under cap-and-trade regulation [J]. Computers & Industrial Engineering, 2018, 119: 131 – 145.

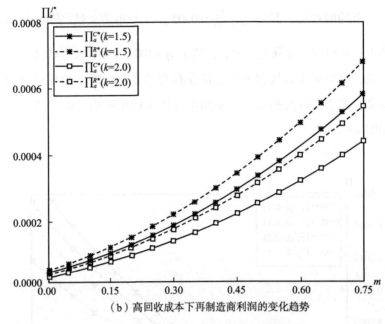

（b）高回收成本下再制造商利润的变化趋势

图4-2 两种情形下再制造商的利润比较

通过对两种情形下再制造商盈利能力进行对比，得出以下结论：

（1）图4-2（a）表明，在碳排放规制下，当回收成本系数较小时，模型C中再制造商的利润高于模型R中再制造商的利润。而当回收成本系数较大时，如图4-2（b）所示，模型C中再制造商的利润低于模型R中再制造商的利润，这一现象与第3章的命题3.4一致。该现象可以这样去解释：模型C中新产品和再制造品分别由原始制造商和再制造商销售，所以市场竞争更激烈。因此，与R模型相比，当回收成本系数达到一定阈值时，模型C中再制造商的利润下降幅度大于模型R，导致模型C中再制造商的利润低于模型R。

（2）图4-2进一步表明随着单位碳价 m 的增加，再制造商的利润会增加。这是因为单位碳价越高，减排的收益就越高，再制造商也可以从再制造品的减排中获取更多收益。

其次，分析碳排放规制下碳排放总额的变化情况，为保证显示的结果有意义，本书选取两种情形下碳排放总额曲线的横坐标范围分别为 [0.7, 0.9] 和 [0.78, 0.92]。仿真结果如图 4-3 所示。

通过对两种情形下碳排放总额的对比，得出以下结论：

（1）两种情形下模型 C 的碳排放总额均高于模型 R，这意味着模型 C 对环境的不利影响总是高于模型 R，即模型 R 比模型 C 更环保。这一现象不能完全支持第 3 章的命题 3.5，但仍可以根据仿真数据求出一个阈值 $\hat{k}(m=0.9)=1\times10^{16}$，即当回收成本无限大时，模型 C 的碳排放额才会低于模型 R。

（2）图 4-3 进一步表明随着单位碳价 m 的增加，碳排放总额会减少，但模型 C 和模型 R 之间碳排放额的差异会增加。

最后，本书模拟碳排放规制下新产品需求、再制造品需求和制造商利润的变化情况，分别见图 4-4、图 4-5 和图 4-6。从数值模拟分析中，可以直接观察到回收成本系数对再制造品侵蚀和制造商利润的影响仍然存在。可见，初始碳排放规制的约束并不会改变原有渠道策略在再制造外包情形下的适用性。仿真结果还表明单位碳价会影响新产品的需求、再制造品的需求和制造商的利润。随着单位碳价 m 的增加，新产品的需求会减少，再制造品的需求会增加，而制造商的利润会减少。

从图 4-4 数值仿真的结果来看，随着单位碳价 m 的增加，新产品的需求会减少。

从图 4-5 数值仿真的结果来看，随着单位碳价 m 的增加，再制造品的需求会增加。

从图 4-6 数值仿真的结果来看，碳排放规制的约束不会改变第 3 章的主要结论，回收成本系数对所有均衡决策的影响仍然存在。在回收成本系数较小时，回收策略依旧可以更好地应对产品侵蚀问题。此外，单位碳价也会对所有均衡决策产生影响。

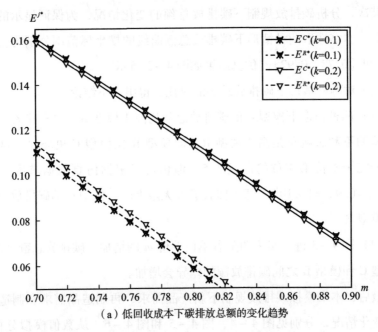

（a）低回收成本下碳排放总额的变化趋势

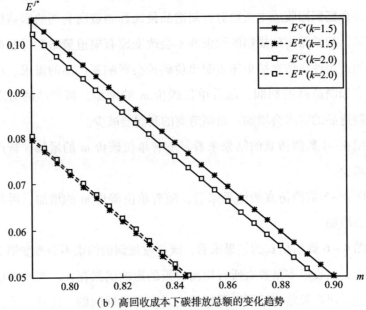

（b）高回收成本下碳排放总额的变化趋势

图 4 - 3　两种情形下碳排放总额的比较

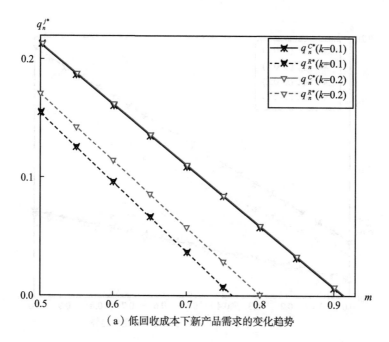

（a）低回收成本下新产品需求的变化趋势

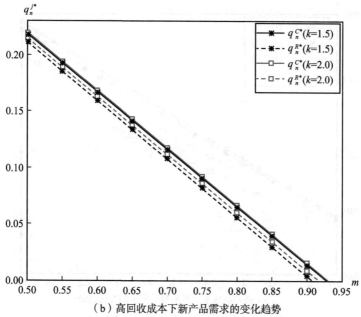

（b）高回收成本下新产品需求的变化趋势

图 4-4　两种情形下新产品需求的比较

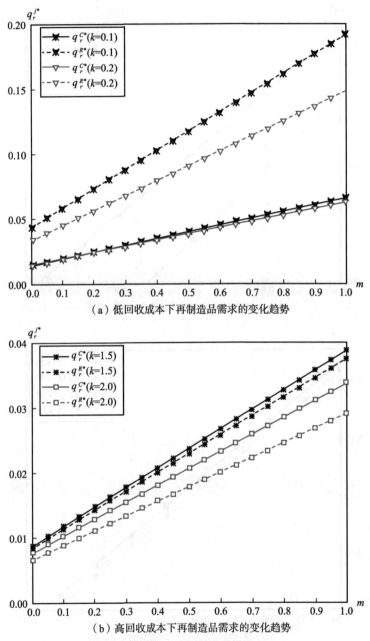

（a）低回收成本下再制造品需求的变化趋势

（b）高回收成本下再制造品需求的变化趋势

图 4 - 5　两种情形下再制造品需求的比较

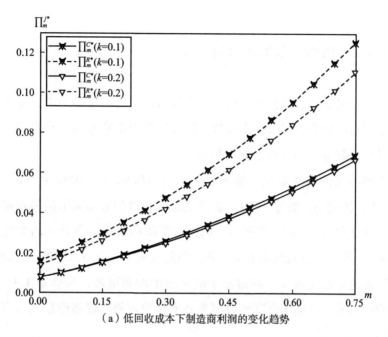

（a）低回收成本下制造商利润的变化趋势

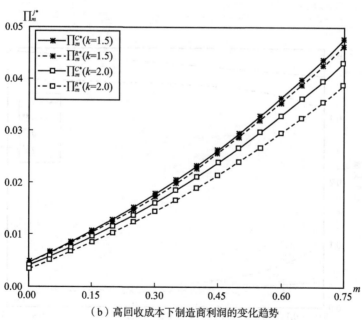

（b）高回收成本下制造商利润的变化趋势

图4-6 两种情形下制造商利润的比较

4.4.2　均衡结果随参数的变化

本部分将通过数值分析，探究新产品需求、再制造品需求、减排水平和原始制造商利润随回收成本参数 k 和减排投资系数 η 的变化趋势，以及减排投资系数 η 对碳排放总额的影响。

借鉴前文的仿真数据，取 $m=0.6$，$\gamma=0.6$，$\eta=100$，$t=0.5$，$e=1$。首先，固定 η，取 $\eta=100$，新产品需求和再制造品需求随回收成本参数 k 的变化趋势如图 4-7 所示，减排水平随回收成本参数 k 的变化趋势如图 4-8 所示。仿真结果显示，新产品需求随 k 的增加而增加，再制造品需求随 k 的增加而减少，减排水平随 k 的增加而增加，与推论 4.1 一致。这说明回收成本的增加会降低再制造品的侵蚀效果，提高原始制造商的减排水平。

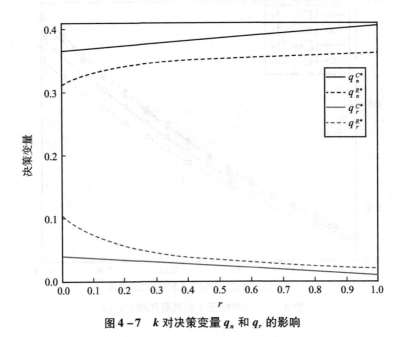

图 4-7　k 对决策变量 q_n 和 q_r 的影响

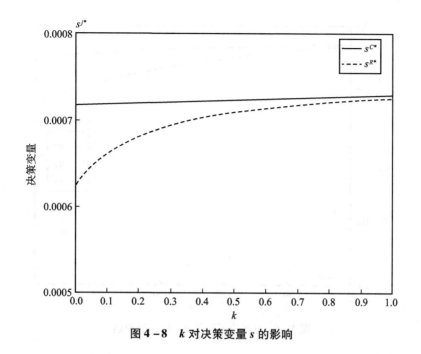

图 4 - 8　k 对决策变量 s 的影响

当回收成本参数 k 固定时，取 $k = 0.8$，新产品需求和再制造品需求随减排投资系数 η 的变化趋势如图 4 - 9 所示，减排水平随减排投资系数 η 的变化趋势如图 4 - 10 所示。仿真结果显示，新产品需求随 η 的增加而减少，再制造品需求随 η 的增加而增加，减排水平随 η 的增加而提高，与推论 4.2 一致。首先，这说明投资减排成本的提高会加剧再制造品的侵蚀效应，降低原始制造商的投资减排水平。其次，投资减排成本对再营销策略的影响更加显著，当投资减排成本增加时，会在再营销策略下提供更多的再制造品。这也就意味着，当投资减排成本较高时，原始制造商更倾向于选择回收策略来应对再制造品的侵蚀问题。

图 4 - 11 为原始制造商利润随回收成本参数 k 和减排投资系数 η 的变化趋势。仿真结果显示，一方面，原始制造商利润随回收成本的增加而减少，随投资减排成本的提高而减少，与命题 4.1 和命题 4.2 一致。这说明

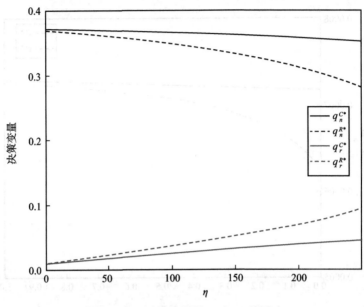

图 4 - 9 η 对决策变量 q_n 和 q_r 的影响

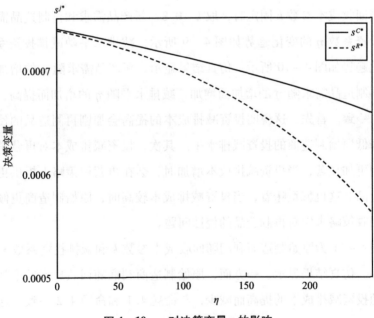

图 4 - 10 η 对决策变量 s 的影响

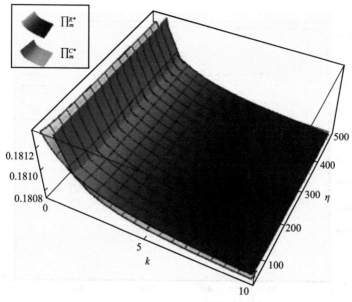

图 4 - 11　k 和 η 对原始制造商利润的影响

回收成本和减排投资成本的增加都会减少原始制造商的利润。另一方面，当回收成本小于一定阈值时，回收模式下原始制造商的利润小于再营销模式，原始制造商更倾向于选择回收策略，命题 3.1 依然成立。

最后，固定单位碳价 m，取 $m = 0.5$，碳排放总额随减排投资系数 η 变化的趋势如图 4 - 12 所示。仿真结果显示，在减排成本较小时，碳排放总额会随投资系数 η 的增加急剧增加，而当减排成本大于一定阈值时，投资系数 η 的变化对碳排放总额几乎没有影响，如图 4 - 12 所示类似平行线。这说明投资减排成本特别小时，对碳排放额的影响特别大，而当投资减排成本大于一定阈值时，对碳排放总额的影响非常微弱。对此，本书认为政府在碳排放规制下，通过适当的补贴激励企业碳排放技术的研发，降低碳减排投资的成本，不仅有利于企业生产低碳产品，更有利于保护环境。

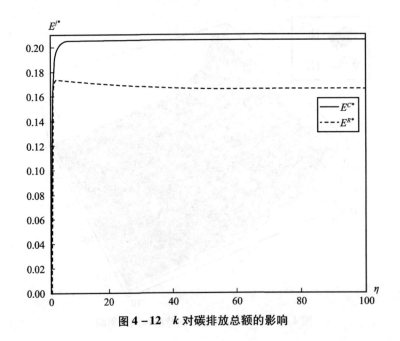

图 4 − 12 k 对碳排放总额的影响

4.5 本章小结与管理启示

4.5.1 本章小结

自从基于市场机制的规制政策推出以来，企业在原有运作的同时，还要担负起节能减排的责任。许多企业通过碳交易优化其运营策略[1][2]，获取低碳经济环境下的竞争优势。基于制造行业的实践背景，本章研究了碳排

---

① L Xia, T Guo, J Qin, et al. Carbon emission reduction and pricing policies of a supply chain considering reciprocal preferences in cap-and-trade system [J]. Annals of Operations Research, 2018, 268 (1): 149 –175.

② S Du, F Ma, Z Fu, et al. Game-theoretic analysis for an emission-dependent supply chain in a 'cap-and-trade' system [J]. Annals of Operations Research, 2015, 228 (1): 135 – 149.

放规制下再制造外包的产品侵蚀问题和渠道策略。首先，不同于以往的研究，本书假定原始制造商是投资减排的决策者和实施者，投资减排虽然只作用于新产品，但再制造商从再制造过程中也间接分享了投资减排的收益，这是否会提高再制造商的再制造水平，造成更加严重的侵蚀问题？其次，本书假定碳排放规制下负责销售产品的一方需要向政府缴纳碳税，这给原始制造商的两种渠道策略带来了不同的影响。由于不同渠道策略下销售再制造品的主体不同，当新产品和再制造品都由原始制造商销售时，再制造商不需要缴纳碳税，这是否会给再制造商带来竞争优势，从而带来更加严重的侵蚀问题？最后，本书假定原始制造商在碳排放规制下实施减排投资策略，减排投资对原有渠道策略、双方的利润和环境会产生怎样的影响？

　　为了回答上述问题，本书构建了碳排放规制下再制造外包的供应链，探讨原始制造商通过减排投资应对再制造品侵蚀问题，并分析自主减排投资对企业的再制造决策和收益以及环境的影响，得出以下结论：（1）碳排放规制下，原始制造商的两种渠道策略依然有效。回收成本较小时，回收策略可以更好地应对产品侵蚀问题。当回收成本系数适中时，再营销策略可以为原始制造商和再制造商双方创造双赢的结果。（2）从再制造品的侵蚀角度来看，投资减排成本的增加会提高再制造品的市场需求，造成更加严重的侵蚀效果。从仿真的结果来看，随着投资减排成本的提高，原始制造商更倾向于选择回收策略。（3）从制造商的盈利角度来看，原始制造商的利润随投资减排成本的增加而减少，当回收成本较小时，原始制造商会选择更优的回收策略。（4）从投资减排的角度来看，原始制造商的投资减排水平随减排成本的增加而降低，当回收成本较小时，原始制造商在回收策略下的减排水平更高。（5）从环保的角度来看，碳排放总额随投资减排成本的下降而减少，当回收成本不够高时，再营销策略更加环保。

4.5.2 管理启示

通过本章的研究，得到以下管理启示：首先，碳排放规制下回收策略依然是原始制造商应对再制造产品侵蚀问题的首选策略，尤其是在回收成本不高时。其次，投资减排成本的提高，不仅会加重再制造外包的产品侵蚀问题，还会损害原始制造商的盈利能力，因此政府应鼓励原始制造商实施低碳创新策略，降低企业投资减排的成本。最后，通过仿真本书还发现投资减排成本的下降有利于碳排放总额的降低，且影响显著。因此，本书建议政府采取适当的补贴政策，激励企业碳排放技术的研发，降低碳减排投资的成本，这不仅有利于企业低碳产品的生产，更有利于环境效益的提高。

第 5 章

回收规制下再制造外包的
产品侵蚀问题和渠道策略

5.1 问题提出

随着科技水平的不断提高，消费者更换电子产品的速度越来越快，废旧电子电器设备也快速增加。联合国《2020 年全球电子废弃物监测》报告显示，2019 年全球产生的电子废弃物多达 5360 万吨，仅仅五年就增长了 21%，人均电子产品垃圾重量已累积 7.3 公斤。[①] 一方面，电子废弃物中含有大量的重金属等有害物质，如果得不到妥善处理，会对生态环境产生恶劣影响。[②③] 另一方面，电子废弃物的回收再利用，可以节约生产成本和

---

① V Forti, C P Baldé, R Kuehr, et al. The global e-waste monitor 2020: Quantities, flows, and the circular economy potential [M]. Tokyo: United Nations University, 2020.

② M R Galbreth, T Boyacı, V Verter. Product reuse in innovative industries [J]. Production and Operations Management, 2013, 22 (4): 1011 –1033.

③ J Gerrard, M Kandlikar. Is european end-of-life vehicle legislation living up to expectations? Assessing the impact of the ELV directive on 'green' innovation and vehicle recovery [J]. Journal of Cleaner Production, 2007, 15: 17 – 27.

实现资源的再生利用①。无论从环境还是资源的角度出发，再制造都是最佳的商业化方式。众多品牌制造商，如 IBM、苹果和佳能等知名企业已经参与到回收再制造领域。②③

长期以来，各国政府主要采取规制政策来监管再制造行业和企业的回收及生产，通常会设置回收再利用的具体标准和目标。④⑤ 例如，欧盟的WEEE 指令、日本 SHARL 家用电器回收法则和我国的《生产者责任延伸制度推行方案》等都对制造企业和回收企业规定了具体的回收和循环再利用的目标。⑥ 当原始设备制造商将再制造业务甚至回收业务外包给第三方再制造商时，规制政策会对再制造水平和企业的盈利能力产生怎样的影响？同时，再制造的决策主体在回收规制情形下如何规划最优策略？这些都是再制造外包亟须解决的问题。

政府的回收规制政策对于再制造运作的回收率和再利用率提出最低目标，不仅影响新产品和再制造品的市场需求，而且最终会导致生产者盈利的变化。少数学者针对现有的规制政策和法规，研究更加严格的规制目标对再制造行业的影响。例如，艾森杜兰等（2017）考虑回收规制下制造商和再制造商之间的竞争问题，研究不同回收政策对再制造水平和环境的影响。⑦ 不同于他们假设制造商和再制造商同时进行再制造，本书研究再制

———————————————

① M R Galbreth, J D Blackburn. Optimal acquisition quantities in remanufacturing with condition uncertainty [J]. Production and Operations Management, 2010, 19 (1): 61–69.

② M S Atalay Atasu, Luk N. Van Wassenhove. Remanufacturing as a marketing strategy [J]. Management Science, 2008, 54 (10): 1731–1746.

③ Atalay, Atasu, Znur, et al. Stakeholder perspectives on e-waste take-back legislation [J]. Production and Operations Management, 2012, 22 (2): 382–396.

④ G Esenduran, E Kemahlioglu–Ziya. A comparison of product take-back compliance schemes [J]. Production and Operations Management, 2015, 24 (1): 71–88.

⑤ A Atasu, L B Toktay, L N Van Wassenhove. How collection cost structure drives a manufacturer's reverse channel choice [J]. Production and Operations Management, 2013, 22 (5): 1089–1102.

⑥ E Plambeck, Q Wang. Effects of e-waste regulation on new product introduction [J]. Management Science, 2009, 55 (3): 333–347.

⑦ G C Esenduran, E Kemahlioglu–Ziya, J M Swaminathan. Impact of take-back regulation on the remanufacturing industry [J]. Production and Operations Management, 2017, 26 (5): 924–944.

造外包的情形，即再制造品的生产由再制造商独立完成，制造商则通过回收废旧产品或销售再制造品参与再制造的运作，因此，本书将双方的竞争扩展到回收模式和再营销模式两种情形。此外，马扎赫（Mazahir et al.，2019）基于2018年修订的WEEE指令，研究新增规制条款对再制造经济效益和环境效益的影响，但是并没有给出各种情形下的最优策略方案和边界条件。[①] 本章基于上述研究，运用优化方法求出各种约束条件下的最优策略方案和边界条件，进一步分析了回收规制下回收率目标和再利用率目标对于再制造水平和双方收益的影响。

本章具体结构安排如下：第5.2节研究无规制情形下和回收规制情形下再制造的运作策略，求出不同情形下的最优策略方案和边界条件，并对比分析了回收模式和再营销模式下的策略区别。第5.3节为影响因素分析，研究回收率目标和再制造率目标对于不同策略下均衡决策、再制造水平和企业利润的影响。第5.4节为数值分析，进一步验证相关命题和结论。第5.5节为本章小结与管理启示，总结了本章研究结论，并给出相应的管理启示。

5.2　无规制情形下和回收规制情形下再制造外包的渠道策略模型

考虑目前许多回收法规在EPR的基础上已将生产者的回收和再利用责任进行量化，如欧盟新版WEEE指令规定2015年8月5日起部分电子产品的回收率将提高至80%，再生及再利用率应达70%，而日本SHARL家用

[①]　S Mazahir, V Verter, T Boyaci, et al. Did europe move in the right direction one-waste legislation? [J]. Production and Operations Management, 2019, 28 (1): 121 –139.

电器回收法则规定循环和再制造率在 50% ~ 60%[1][2]，而我国的《生产者责任延伸制度推行方案》则规定重点品种的废弃产品规范回收与循环利用率平均达到 40%。[3][4] 基于上述回收规制政策和法规，本书使用 β 表示废旧产品的回收率（即新产品废弃后回收的比例），β_r 表示再利用率（即回收后进行再制造的比例），且 $\beta > \beta_r$（即再制造的比例小于回收的比例），这也与现实情况和相关法规一致。根据上述假设，本书可以得到新产品数量 q_n、产品回收数量 q_c 和再制造品数量 q_r 的关系，$q_c \geq \beta q_n$ 和 $q_r \geq \beta_r q_c$。

与第 3 章和第 4 章的假设条件类似，本部分通过建模探讨两种情形下再制造外包的运作策略：（1）回收规制情形（regulation）：考虑回收规制中的回收率目标 β 和再利用率目标 β_r，分别研究回收模式和再营销模式下再制造的运营策略。（2）无回收规制情形（no regulation）：无回收目标和再利用目标，即 $\beta = 0$ 和 $\beta_r = 0$，本书将该情形作为基础模型，在第 5.2.1 节中进行讨论。相关参数的具体符号及对应含义如表 5-1 所示。

表 5-1　　　　　　　　　　　　相关参数与定义

参数	定义
c_n/c_r	新产品和再制造品的单位制造成本
c_d	废旧产品的处置费用
γ	再制造品的消费者价值折扣

① J Neto, G Walther, J Bloemhof, et al. From closed-loop to sustainable supply chains: the WEEE case [J]. International Journal of Production Research, 2010, 48 (15): 4463 – 4481.

② 马祖军, 胡书, 代颖. 政府规制下混合渠道销售/回收的电器电子产品闭环供应链决策 [J]. 中国管理科学, 2016, 24 (1): 86 – 94.

③ 曹东, 赵韵雯, 吴思思, 等. 考虑专利许可及政府规制的再制造博弈 [J]. 管理科学学报, 2020, 23 (3): 1 – 23.

④ 王兴棠, 李杰. EPR 制度下企业废弃物处理模式内生性选择研究 [J]. 管理学报, 2019, 16 (5): 728 – 735.

参数	定义
k	回收成本系数
p_n^i / p_r^i	模型 i 中新产品/再制造品的价格，$i \in (C, R)$
q_n^i / q_r^i	模型 i 中新产品/再制造品的数量，$i \in (C, R)$
f	模型 C 中再制造专利许可费
w	模型 R 中新产品的批发价格
$\prod_x^i$	模型 i 中参与者 x 的利润，$x \in (m, a)$，$i \in (C, R)$

此外，本书还对回收模式和再营销模式下再制造的运营策略进行研究。

5.2.1　无规制情形下的再制造策略模型

为了研究回收规制对原始制造商和再制造商生产决策的影响，本书首先分析无规制情形（即 $\beta = 0$ 和 $\beta_r = 0$）时双方的最优决策。

根据假设条件，可以得到无规制时回收模式下原始制造商的利润函数及约束条件为：

$$\underset{q_c, q_n \geq 0}{Max} \prod_m^C = (p_n - c_n) q_n + f q_r - \frac{1}{2} k q_c^2 - cd(q_c - q_r)$$

$$s.t. \quad 0 \leq q_c \leq q_n \qquad (5-1)$$

式（5-1）第一项为新产品的销售收入，第二项为再制造品的专利许可费，第三项为回收废旧产品的投入成本，第四项为剩余废旧产品的处置费。新产品的数量 q_n 和废旧产品的回收量 q_c 为制造商的决策变量。

回收模式下再制造商的利润函数及约束条件为：

$$\underset{q_r \geq 0}{Max} \prod_a^C = (p_r - c_r) q_r - f q_r$$

$$s.t. \quad 0 \leq q_r \leq q_c \qquad (5-2)$$

式（5-2）第一项为再制造品的销售收入，第二项为支付给制造商的专利许可费。再制造品的数量 q_r 为再制造商的决策变量。

下文将描述原始制造商和再制造商在没有监管条件下的最优决策。

引理 5.1 无规制情形下回收模式的决策双方采取以下 3 种策略之一：

策略 0　不参与回收，也不进行再制造；

策略 +　回收部分可用的废旧产品并部分进行再制造；

策略 =　回收所有可用的废旧产品并全部进行再制造。

回收模式下原始制造商和再制造商的均衡区域有 4 个，用 N_{00} 和 $N_{=j}$ 表示，其中 $j \in \{0, +, = \}$。

证明： 使用库恩塔克条件（Kuhn-Tucker conditions，简称 K 条件）对上述决策模型进行求解，首先，根据式（5-1）得到原始制造商的拉格朗日方程为：

$$L_1 = \prod_m^C + \lambda_1 q_c + \lambda_2 (q_n - q_c),$$

其中，λ_i，$i \in \{1, 2\}$ 为拉格朗日乘子。原始制造商拉格朗日方程的 KT 条件为：

$$\frac{\partial L_1}{\partial q_n} = 1 - c_n - 2q_n - \gamma q_r + \lambda_2 = 0$$

$$\frac{\partial L_1}{\partial q_c} = -c_d - k q_c + \lambda_1 - \lambda_2 = 0$$

$$\lambda_1 q_c = 0$$

$$\lambda_2 (q_n - q_c) = 0$$

同时，保证 $q_c \geq 0$，$q_n - q_c \geq 0$，$\lambda_1 \geq 0$ 和 $\lambda_2 \geq 0$。

其次，根据式（5-2）得到再制造商的拉格朗日方程为：

$$L_2 = \prod_a^c + \xi_1 q_r + \xi_2 (q_c - q_r),$$

其中，ξ_i，$i \in \{1, 2\}$ 为拉格朗日乘子。再制造商拉格朗日方程的 KT 条件为：

$$\frac{\partial L_2}{\partial q_r} = -c_r - f + \gamma(1 - q_n - q_r) + \xi_1 - \xi_2$$

$$\xi_1 q_r = 0$$

$$\xi_2(q_c - q_r) = 0$$

同时，保证 $q_r \geqslant 0$，$q_c - q_r \geqslant 0$，$\xi_1 \geqslant 0$ 和 $\xi_2 \geqslant 0$。

通过求解发现存在 4 个均衡区域：

（1）区域 $N_{00}(q_c = 0,\ q_r = 0)$。

求解 KT 条件得到 $q_n = \dfrac{1 - c_n}{2}$，求解 $q_n \geqslant 0$，可以得到 $c_n \leqslant 1$。

（2）区域 $N_{=0}(q_c = q_n,\ q_r = 0)$。

求解 KT 条件得到 $q_c = q_n = \dfrac{-1 + c_d + c_n}{2 + k}$，求解 $q_n \geqslant 0$，可以得到 $c_n \leqslant b_1^{NT}$。

（3）区域 $N_{=+}(q_c = q_n,\ q_c \geqslant q_r > 0)$。

求解 KT 条件得到 $q_c = q_n = \dfrac{2 - c_d - 2c_n + c_r + f - \gamma}{-4 + 2k + \gamma}$ 和 $q_r = \dfrac{2c_r + 2f + kc_r + kf - \gamma(1 + c_d + c_n + k)}{\gamma(-4 + 2k + \gamma)}$，求解 $q_c \geqslant q_r \geqslant 0$，得到 $b_2^{NT} \leqslant c_n \leqslant b_3^{NT}$。

（4）区域 $N_{==}(q_r = q_c = q_n)$。

求解 KT 条件得到 $q_r = q_c = q_n = \dfrac{-1 + c_d + c_n}{2 + k + \gamma}$ 和 $\xi_2 = -c_r - f + \gamma + \dfrac{3\gamma(-1 + c_d + c_n)}{2 + k + \gamma}$，求解 $q_c \geqslant 0$ 和 $\xi_2 \geqslant 0$，得到 $c_n \geqslant b_1^{NT}$ 和 $c_n \geqslant b_4^{NT}$。

将 4 个均衡区域的边界条件和策略方案汇总后，得到表 5 - 2 和表 5 - 3，引理 5.1 证明完毕。

表 5 - 2　　　　　无规制情形下回收模式的均衡区域与边界条件

均衡区域	边界条件
N_{00}	$b_1^{NT} \leqslant c_n \leqslant 1$

续表

均衡区域	边界条件
$N_{=0}$	$b_2^{NT} \leqslant c_n \leqslant b_1^{NT}$
$N_{=+}$	$b_3^{NT} \leqslant c_n \leqslant b_2^{NT}$
$N_{==}$	$\max\{b_3^{NT},\ b_4^{NT}\} \leqslant c_n \leqslant b_1^{NT}$

边界	表达式
$b_1^{NT} =$	$1 - c_d$
$b_2^{NT} =$	$1 - c_d - \dfrac{(c_d - c_r + \gamma)(2 + k)}{2\gamma}$
$b_3^{NT} =$	$1 - c_d - \dfrac{(c_d - c_r + \gamma)(2 + k)(2 + k + \gamma)}{\gamma(12 + 6k - \gamma)}$
$b_4^{NT} =$	$1 - c_d - \dfrac{(c_d + f - \gamma)(2 + k + \gamma)}{3\gamma}$

表 5 - 3 无规制情形下回收模式决策双方的可能决策

决策			原始制造商的策略	
			0	=
			$q_c = 0$	$q_c = q_n$
再制造商的策略	0	$q_r = 0$	N_{00}	$N_{=0}$
	+	$0 < q_r < q_c$	—	$N_{+=}$
	=	$q_r = q_c$	—	$N_{==}$

无规制情形下回收模式决策双方的策略和均衡区域可以归纳为表 5 - 3 和图 5 - 1。双方的策略具体表现为：当原始制造商生产新产品的成本较高时，原始制造商的最优策略是策略 0，此时再制造商只能选择策略 0；当原始制造商生产新产品的成本下降到一定阈值时，再制造商可以根据其生产再制造品的成本选择三种不同策略。再制造成本较低时最优策略是策略 0，相当于不进入再制造市场。否则，再制造商将使用策略 + 或策略 = ，即再制造部分或全部的回收产品。

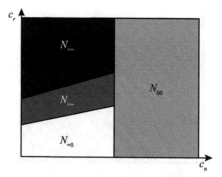

图 5 - 1　无规制情形下回收模式的最优方案

再营销模式下，由于再制造商负责废旧产品的回收，再制造商的决策变量包括废旧产品的回收量 q_c 和再制造品的数量 q_r，相应的制造商只负责新产品的销售，其决策变量仅为新产品的数量 q_n。无规制时再营销模式下原始制造商的利润函数和约束条件为：

$$\underset{q_n \geqslant 0}{Max} \prod_{m}^{R} = (p_n - c_n)q_n + (p_r - c_r)q_r$$

$$s.t. \quad 0 \leqslant q_n \tag{5-3}$$

再营销模式下再制造商的利润函数和约束条件为：

$$\underset{q_r,q_c \geqslant 0}{Max} \prod_{a}^{R} = (w - c_r)q_r - \frac{1}{2}kq_c^2 - cd(q_c - q_r)$$

$$s.t. \quad 0 \leqslant q_r \leqslant q_c \leqslant q_n \tag{5-4}$$

再营销模式下再制造商负责废旧产品的回收和再制造品的生产，其在无规制情形下的策略和均衡区域可以归纳为图 5 - 2。再制造商的策略只包括 2 种：当新产品的生产成本大于一定阈值且再制造成本较低时，再制造商的最优策略为策略 ==，即回收全部废旧产品并全部再制造，否则最优策略为策略 00，也就是既不参与回收也不参与再制造。这是由于回收作业对再制造商来说无利可图，只有全部再制造才能利润最大化。该结论也表明，当再制造品与新产品相比具有一定优势时，再制造商才会进入再制造市场。

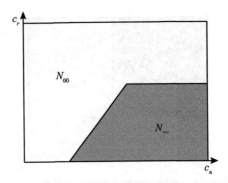

图 5 - 2　无规制情形下再营销模式的最优方案

通过对比无规制情形下两种模式的最优策略，本书发现在回收模式中，由于回收作业和再制造运作分别由原始制造商和再制造商负责，因此再制造商可以根据原始制造商的策略和再制造品的竞争优势选择 3 种不同的最优策略。而在再营销模式中，回收作业和再制造运作全部由再制造商负责，因此再制造商的选择受到限制，只能选择全部回收并再制造或完全不参与。下文引入回收率和再利用率目标，探讨回收规制对再制造策略的影响。

5.2.2　回收规制情形下的再制造策略模型

根据回收规制的假设条件，得到回收模式下原始制造商和再制造商的利润函数及约束条件为：

$$\underset{q_c, q_n \geq 0}{Max} \prod{}_{m}^{c} = (p_n - c_n) q_n + f q_r - \frac{1}{2} k q_c^2 - cd(q_c - q_r)$$

$$s.t. \quad \beta q_n \leqslant q_c \leqslant q_n \tag{5-5}$$

$$\underset{q_r \geq 0}{Max} \prod{}_{a}^{c} = (p_r - c_r) q_r - f q_r$$

$$s.t. \quad \beta_r q_n \leqslant q_r \leqslant q_c \tag{5-6}$$

下文对原始制造商和再制造商在回收规制下的最优决策进行描述。

命题 5.1   回收规制下回收模式决策双方采取以下 3 种策略之一：

策略 0   按照回收率最低目标进行回收，按照再利用率最低目标进行再制造；

策略 +   高于回收率最低目标进行回收，高于再利用率最低目标进行再制造；

策略 =   回收所有可用的废旧产品并全部进行再制造。

回收模式下原始制造商和再制造商的均衡区域有 6 个，用 $R_{l,j}$ 表示，其中 $l \in \{0, =\}$，$j \in \{0, +, =\}$。

证明：使用 K–T 条件对上述决策模型进行求解，首先，根据式 (5-5) 得到原始制造商的拉格朗日方程为：

$$L_1 = \prod{}_{m}^{c} + \lambda_1 q_n + \lambda_2 (q_c - \beta q_n) + \lambda_3 (q_n - q_c),$$

其中，λ_i，$i \in \{1, 2, 3\}$ 为拉格朗日乘子。原始制造商拉格朗日方程的 KT 条件为：

$$\frac{\partial L_1}{\partial q_n} = 1 - c_n - 2q_n - \gamma q_r + \lambda_1 - \beta \lambda_2 + \lambda_3 = 0$$

$$\frac{\partial L_1}{\partial q_c} = -c_d - k q_c + \lambda_2 - \lambda_3 = 0$$

$$\lambda_1 q_n = 0$$

$$\lambda_2 (q_c - \beta q_n) = 0$$

$$\lambda_3 (q_n - q_c) = 0$$

同时，保证 $q_c \geq 0$，$q_c - \beta q_n \geq 0$，$q_n - q_c \geq 0$，$\lambda_1 \geq 0$，$\lambda_2 \geq 0$ 和 $\lambda_3 \geq 0$。

其次，根据式 (5-6) 得到再制造商的拉格朗日方程为：

$$L_2 = \prod{}_{a}^{c} + \xi_1 q_r + \xi_2 (q_r - \beta_r q_n) + \xi_3 (q_c - q_r),$$

其中，ξ_i，$i \in \{1, 2, 3\}$ 为拉格朗日乘子。

再制造商拉格朗日方程的 KT 条件为：

$$\frac{\partial L_2}{\partial q_r} = -c_r - f + \gamma(1 - q_n - q_r) - \gamma q_r + \xi_1 + \xi_2 - \xi_3$$

$$\xi_1 q_r = 0$$

$$\xi_2 (q_r - \beta_r q_n) = 0$$

$$\xi_3 (q_c - q_r) = 0$$

同时，保证 $q_r \geq 0$，$q_r - \beta_r q_n \geq 0$，$q_c - q_r \geq 0$，$\xi_1 \geq 0$，$\xi_2 \geq 0$ 和 $\xi_3 \geq 0$。

通过求解发现存在 6 个均衡区域：

(1) 区域 $N_{00}(q_c = \beta q_n, \ q_r = \beta_r q_n)$。

求解 KT 条件得到 $q_n = \dfrac{-1 + c_n + \beta c_d}{2 + k\beta^2 + \gamma\beta_r}$ 和 $\xi_2 = c_r + f - \gamma +$

$\dfrac{\gamma(-1 + c_n + \beta c_d)(1 + 2\beta_r)}{2 + k\beta^2 + \gamma\beta_r}$，求解 $q_n \geq 0$ 和 $\xi_2 \geq 0$，得到 $c_n \leq b_1^T$ 和 $c_n \leq b_2^T$。

(2) 区域 $N_{0+}(q_c = \beta q_n, \ q_c > q_r > \beta_r q_n)$。

求解 KT 条件得到 $q_n = \dfrac{\gamma(-3 + c_n + \beta c_d - k\beta^2) - (-4 + 4c_n + 4\beta c_d + c_d - c_r)}{(2 + k\beta^2)(8 + 4k\beta^2 - 3\gamma)}$

和 $q_r = \dfrac{(c_d - c_r)(2 + k\beta^2) + \gamma(2c_n + 2\beta c_d + k\beta^2)}{\gamma(8 + 4k\beta^2 - 3\gamma)}$，求解 $q_n \geq 0$ 和 $q_r \geq \beta_r q_n$，得

到 $b_3^T \leq c_n \leq b_4^T$。

(3) 区域 $N_{0=}(q_r = q_c = \beta q_n)$。

求解 KT 条件得到 $q_n = \dfrac{-1 + c_n + c_d}{2 + k + \gamma\beta_r}$ 和 $\xi_2 = c_r + f - \gamma -$

$\dfrac{\gamma(-1 + c_n + c_d)(1 + 2\beta_r)}{2 + k + \gamma\beta_r}$，求解 $q_n \geq 0$ 和 $\xi_2 \geq 0$，得到 $b_5^T \leq c_n \leq b_1^T$。

(4) 区域 $N_{=0}(q_c = q_n, \ q_r = \beta_r q_n)$。

求解 KT 条件得到 $q_n = \dfrac{-1 + c_n + \beta c_d}{2 + k\beta^2 + \gamma\beta_r}$ 和 $\xi_2 = c_r + f - \gamma +$

$\dfrac{\gamma(-1 + c_n + \beta c_d)(1 + 2\beta_r)}{2 + k\beta^2 + \gamma\beta_r}$，求解 $q_n \geq 0$ 和 $\xi_2 \geq 0$，得到 $c_n \leq b_6^T$ 和 $c_n \leq b_7^T$。

(5) 区域 $N_{=+}(q_c = q_n, \ q_c > q_r > \beta_r q_n)$。

求解 KT 条件得到 $q_n = \dfrac{\gamma(-3 + c_n + c_d - k) - (-4 + 4c_n + 5c_d - c_r)(2 + k)}{(2 + k)(8 + 4k - 3\gamma)}$

和 $q_r = \dfrac{(c_d - c_r)(2+k) + \gamma(2c_n + 2c_d + k)}{\gamma(8+4k-3\gamma)}$，求解 $q_n \geq 0$ 和 $q_r \geq \beta_r q_n$，得到 $b_8^T \leq c_n \leq b_9^T$。

（6）区域 $N_{==}(q_r = q_c = q_n)$。

求解 KT 条件得到 $q_n = \dfrac{1 - c_n - c_d}{2+k+\gamma}$ 和 $\xi_3 = -c_r - f + \gamma + \dfrac{3\gamma(-1+c_n+c_d)}{2+k+\gamma}$，求解 $q_n \geq 0$ 和 $\xi_3 \geq 0$，得到 $b_{10}^T \leq c_n \leq b_6^T$。

汇总后得到表 5-4，命题 5.1 证明完毕。

表 5-4　　　　　回收规制下回收模式的均衡区域与边界条件

均衡区域	边界条件
R_{00}	$c_n \leq b_1^T$ 且 $c_n \leq \min\{b_2^T, b_3^T\}$
R_{0+}	$b_3^T \leq c_n \leq b_4^T$
$R_{0=}$	$\max\{b_4^T, b_5^T\} \leq c_n \leq b_1^T$
$R_{=0}$	$c_n \leq b_6^T$ 且 $c_n \leq \min\{b_7^T, b_8^T\}$
$R_{=+}$	$b_8^T \leq c_n \leq b_9^T$
$R_{==}$	$\max\{b_9^T, b_{10}^T\} \leq c_n \leq b_6^T$
边界	表达式
b_1^T	$1 - \beta c_d$
b_2^T	$1 - \beta c_d + \dfrac{(c_r - f - \gamma)(2 + k\beta^2 + \gamma\beta_r)}{\gamma + 2\gamma\beta_r}$
b_3^T	$1 - \beta c_d - \dfrac{(c_d - c_r + \gamma)(2 + k\beta^2)(2 + k\beta^2 + \gamma\beta_r)}{\gamma(2(2 + k\beta^2)(1 + 2\beta_r) - \gamma\beta_r)}$
b_4^T	$1 - \beta c_d - \dfrac{(c_d - c_r + \gamma)(2 + k\beta^2)}{8 + 4k\beta^2 - \gamma}$
b_5^T	$1 - \beta c_d + \dfrac{(c_r - f - \gamma)(2 + k\beta^2 + \gamma\beta)}{\gamma + 2\gamma\beta}$
b_6^T	$1 - c_d$
b_7^T	$1 - c_d + \dfrac{(c_r - f - \gamma)(2 + k + \gamma\beta_r)}{\gamma + 2\gamma\beta_r}$

边界	表达式
b_8^T	$1 - c_d - \dfrac{(c_d - c_r + \gamma)(2 + k)(2 + k + \gamma\beta_r)}{\gamma(2(2+k)(1+2\beta_r) - \gamma\beta_r)}$
b_9^T	$1 - c_d - \dfrac{(c_d - c_r + \gamma)(2 + k)}{8 + 4k - \gamma}$
b_{10}^T	$1 - c_d - \dfrac{(c_r - f - \gamma)(2 + k + \gamma)}{3\gamma}$

回收规制情形下回收模式决策双方的策略和均衡区域可以归纳为表 5-5和图5-3。双方策略的具体表现为：（1）当原始制造商生产新产品的成本较高时，原始制造商的最优策略为策略0，即按照回收率的最低目标进行回收。此时再制造商根据再制造成本选择三种不同策略：当再制造成本较低时，最优策略为策略0，即按照再利用率的最低目标进行再制造；当再制造成本适中时，最优策略为策略+，即高于最低目标但不全部进行再制造；当再制造成本高于一定阈值时，最优策略为策略=，即将回收的全部产品进行再制造。（2）当原始制造商生产新产品的成本较低时，原始制造商的最优策略为策略=，即回收全部的废旧产品，此时再制造商的策略也是3种，按照再制造成本的高中低，最优策略依次为策略=、策略+、策略0。

表 5-5 　　　　　　　回收规制下回收模式决策双方的可能决策

决策			原始制造商的策略		
			0	+	=
			$q_c = \beta q_n$	$\beta q_n < q_c < q_n$	$q_c = q_n$
再制造商的策略	0	$q_r = \beta_r q_n$	R_{00}	—	$R_{=0}$
	+	$\beta_r q_n < q_r < q_c$	R_{+0}	—	$R_{+=}$
	=	$q_r = q_c$	$R_{0=}$	—	$R_{==}$

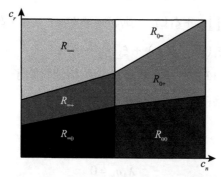

图 5 - 3　回收规制下回收模式的最优方案

再营销模式下原始制造商和再制造商的利润函数及约束条件为：

$$\underset{q_n \geqslant 0}{Max} \prod_m^R = (p_n - c_n)q_n + (p_r - c_r)q_r$$

$$s.t. \quad 0 \leqslant q_n \tag{5-7}$$

$$\underset{q_r, q_c \geqslant 0}{Max} \prod_a^R = (w - c_r)q_r - \frac{1}{2}kq_c^2 - cd(q_c - q_r)$$

$$s.t. \quad \beta q_n \leqslant q_c \leqslant q_n$$

$$\beta_r q_n \leqslant q_r \leqslant q_c \tag{5-8}$$

命题 5.2　回收规制下再营销模式决策双方采取以下 3 种策略之一：

策略 0　按照回收率最低目标进行回收，按照再利用率最低目标进行再制造；

策略 +　高于回收率最低目标进行回收，高于再利用率最低目标进行再制造；

策略 =　回收所有可用的废旧产品并全部进行再制造。

营销模式下的原始制造商和再制造商的均衡区域有 4 个，用 $R_{l,j}$ 表示，其中 $l \in \{0, =\}$，$j \in \{0, =\}$。

证明： 使用 KT 条件对上述决策模型进行求解，先根据式（5 - 7）和式（5 - 8）分别得到原始制造商和再制造商的拉格朗日方程为：

$$L_1 = \prod_m^R + \lambda_1 q_n,$$

$$L_2 = \prod_a^R + \xi_1(q_c - \beta q_n) + \xi_2(q_n - q_c) + \xi_3 q_r +$$
$$\xi_4(q_r - \beta_r q_n) + \xi_5(q_c - q_r),$$

其中，λ_1 和 ξ_i，$i \in \{1, 2, 3, 4, 5\}$ 为拉格朗日乘子。

原始制造商拉格朗日方程的 KT 条件为：

$$\frac{\partial L_1}{\partial q_n} = 1 - c_n - 2q_n - 2\gamma q_r + \lambda_1 = 0$$

$$\lambda_1 q_n = 0$$

同时，保证 $q_n \geqslant 0$ 和 $\lambda_1 \geqslant 0$。

再制造商拉格朗日方程的 KT 条件为：

$$\frac{\partial L_2}{\partial q_c} = -c_d - kq_c + \xi_1 - \xi_2 + \xi_5$$

$$\frac{\partial L_2}{\partial q_r} = c_d - c_r + w + \xi_3 + \xi_4 - \xi_5$$

$$\xi_1(q_c - \beta q_n) = 0$$

$$\xi_2(q_n - q_c) = 0$$

$$\xi_3 q_r = 0$$

$$\xi_4(q_r - \beta_r q_n) = 0$$

$$\xi_5(q_c - q_r) = 0$$

同时，保证 $q_c - \beta q_n \geqslant 0$，$q_n - q_c \geqslant 0$，$q_r \geqslant 0$，$q_r - \beta_r q_n \geqslant 0$，$q_c - q_r \geqslant 0$，$\xi_1 \geqslant 0$，$\xi_2 \geqslant 0$，$\xi_3 \geqslant 0$，$\xi_4 \geqslant 0$ 和 $\xi_5 \geqslant 0$。

通过求解发现存在 4 个均衡区域：

（1）区域 $R_{00}(q_c = \beta q_n, \ q_r = \beta_r q_n)$。

求解 KT 条件得到 $q_n = \dfrac{1 - c_n}{2(1 + \gamma\beta_r)}$，$\xi_1 = c_d + \dfrac{k\beta(1 - c_n)}{2(1 + \gamma\beta_r)}$ 和 $\xi_4 = -c_d +$

$c_r - w$，求解 $q_n \geqslant 0$，$\xi_1 \geqslant 0$ 和 $\xi_4 \geqslant 0$，得到 $c_n \leqslant b_1^R$ 和 $c_r \geqslant c_d + w$。

（2）区域 $R_{0=}(q_r = q_c = \beta q_n)$。

求解 KT 条件得到 $q_n = \dfrac{1 - c_n}{2(1 + \gamma\beta)}$，$\xi_1 = c_r - w - \dfrac{k\beta(1 - c_n)}{2(1 + \gamma\beta)}$ 和 $\xi_5 = c_d -$

$c_r + w$，求解 $q_n \geq 0$，$\xi_1 \geq 0$ 和 $\xi_5 \geq 0$，得到 $b_2^R \leq c_n < 1$ 和 $c_r \leq c_d + w$。

（3）区域 $R_{=0}(q_c = q_n,\ q_r = \beta_r q_n)$。

求解 KT 条件得到 $q_n = \dfrac{1 - c_n}{2(1 + \gamma \beta_r)}$，$\xi_2 = -c_d + \dfrac{k(-1 + c_n)}{2(1 + \gamma \beta_r)}$ 和 $\xi_4 = -c_d +$

$c_r - w$，求解 $q_n \geq 0$，$\xi_2 \geq 0$ 和 $\xi_4 \geq 0$，得到 $c_n \leq b_3^R$ 和 $c_r \geq c_d + w$。

（4）区域 $R_{==}(q_r = q_c = q_n)$。

求解 KT 条件得到 $q_n = \dfrac{1 - c_n}{2(1 + \gamma)}$，$\xi_2 = -c_r + w + \dfrac{k(-1 + c_n)}{2(1 + \gamma)}$ 和 $\xi_5 = c_d -$

$c_r + w$，求解 $q_n \geq 0$，$\xi_2 \geq 0$ 和 $\xi_5 \geq 0$，得到 $b_4^R \leq c_n < 1$ 和 $c_r \leq c_d + w$。

汇总后得到表 5-6，命题 5.2 证明完毕。

表 5-6　　　　　　　回收规制下再营销模式的均衡区域与边界条件

均衡区域	边界条件
R_{00}	$c_n \leq b_1^R$ 且 $c_r \geq c_d + w$
$R_{0=}$	$\max\{b_1^R,\ b_2^R\} \leq c_n < 1$ 且 $c_r \leq c_d + w$
$R_{=0}$	$c_n \leq b_3^R$ 且 $c_r \geq c_d + w$
$R_{==}$	$\max\{b_3^R,\ b_4^R\} \leq c_n < 1$ 且 $c_r \leq c_d + w$
边界	表达式
b_1^R	$1 + \dfrac{2c_d(1 + \gamma \beta_r)}{k\beta}$
b_2^R	$1 + \dfrac{2c_d(1 + \gamma \beta_r)}{k}$
b_3^R	$1 + \dfrac{2(c_r - w)(1 + \gamma \beta)}{k\beta}$
b_4^R	$1 + \dfrac{2(c_r - w)(1 + \gamma)}{k}$

回收规制情形下再营销模式决策双方的策略和均衡区域可以归纳为表

5-7 和图 5-4。由于该策略下再制造商同时负责废旧产品的回收和再制造品的生产，最优策略包括 4 种：（1）当新产品的生产成本较低时，分为 2 种情况：再制造成本较低时，再制造商的最优策略为策略 0=，即按照回收率的最低目标进行回收并全部再制造；否则，最优策略为策略 00，即按照回收率的最低目标进行回收，同时按照再利用率的最低目标进行再制造。（2）当新产品的生产成本大于一定阈值时，也分为 2 种情况：再制造成本较低时，再制造商的最优策略为策略 ==，即回收全部废旧产品并全部再制造；否则，最优策略为策略 =0，即全部回收但按照再利用率的最低目标进行再制造。

表 5-7   回收规制下再营销模式决策双方的可能决策

决策			原始制造商的策略	
			0	=
			$q_c = \beta q_n$	$q_c = q_n$
再制造商的策略	0	$q_r = \beta_r q_n$	R_{00}	$R_{=0}$
	=	$q_r = q_c$	$R_{0=}$	$R_{==}$

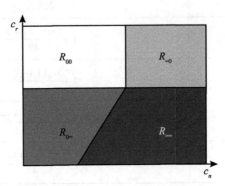

图 5-4 回收规制下再营销模式的最优方案

5.2.3　不同模式下最优策略对比分析

通过对比回收规制情形下的两种模式的最优策略方案（见图 5 - 3 和图 5 -4），本书发现：（1）在回收模式下，由于回收作业和再制造运作分别由原始制造商和再制造商负责，再制造商可以根据原始制造商的策略和再制造品的优势选择 3 种不同的策略。特别是当再制造成本适中时，再制造商可以选择策略 + ，即选择高于再利用率的最低目标且部分进行再制造，实现自己的盈利最大化。（2）而在再营销模式下，回收作业和再制造运作全部由再制造商负责，原始制造商只负责新产品和再制造品的销售。再制造商可以根据再制造品的生产优势选择 4 种不同的策略组合，不存在策略为策略 + 的情形，即当再制造无利可图时，选择全部再制造实现利润最大化，而当再制造优势较小时，选择按照再利用的最低目标进行再制造。（3）新产品和再制造品的成本关系是双方决策的依据，当再制造品与新产品相比具有一定优势时，双方才会选择高于规制目标的再制造策略。

5.3　回收规制下再制造决策的影响因素分析

5.3.1　主要参数对均衡决策的影响分析

本部分主要分析回收率目标 β 和再利用率目标 β_r 对 2 种模式下均衡决策的影响。由于世界各地的回收法规不断变化，规制要求也越来越严格。

例如，2012 年颁布的 WEEE（修订）指令规定[①]，企业的回收率目标将从 2016 年的 45% 提高至 2019 年的 65%，再生及再利用率从 2016 年的 65% 提高至 2019 年的 70%。规制水平的提高是否会提升企业的再制造水平并对新产品造成更严重的侵蚀作用？下文主要回答上述问题，并对新产品的需求和再制造水平提出以下命题。

命题 5.3 在回收模式下，回收规制对新产品需求 q_n^{C*} 的影响为：

（1）在均衡区域 R_{0j}，$j \in \{0, +, =\}$ 中，$\dfrac{\partial q_n^{C*}}{\partial \beta} < 0$，在均衡区域 $R_{=j}$，$j \in \{0, +, =\}$ 中，$\dfrac{\partial q_n^{C*}}{\partial \beta} = 0$；

（2）在均衡区域 R_{l0}，$l \in \{0, =\}$ 中，$\dfrac{\partial q_n^{C*}}{\partial \beta_r} < 0$，在均衡区域 $R_{l,j}$，$l \in \{0, =\}$，$j \in \{+, =\}$ 中，$\dfrac{\partial q_n^{C*}}{\partial \beta_r} = 0$；

证明： 根据命题 5.1 及证明过程，可以求回收模式下各均衡区域中新产品需求 q_n 对回收率 β 和再利用率 β_r 的偏导数，整理得到表 5 - 8。

表 5 - 8　　　　　　　回收规制情形下回收率 β 和再利用率 β_r
对新产品需求 q_n 的影响（回收模式）

均衡区域	$\dfrac{\partial q_n^{C*}}{\partial \beta}$	$\dfrac{\partial q_n^{C*}}{\partial \beta_r}$
R_{00}	$\dfrac{2k\beta(-1+c_n) + c_d(-2+k\beta^2 - \gamma\beta_r)}{(2+k\beta^2+\gamma\beta_r)^2}$	$\dfrac{\gamma(-1+c_n+c_d\beta)}{(2+k\beta^2+\gamma\beta_r)^2}$

① S Mazahir, V Verter, T Boyaci, et al. Did europe move in the right direction on e-waste legislation? [J]. Production and Operations Management, 2019, 28 (1): 121 - 139.

均衡区域	$\dfrac{\partial q_n^{C*}}{\partial \beta}$	$\dfrac{\partial q_n^{C*}}{\partial \beta_r}$
R_{0+}	$\dfrac{1}{3}\left(\dfrac{2k\beta(-1+c_n)+c_d(-2+k\beta^2)}{(2+k\beta^2)^2} - \dfrac{8(c_d+k\beta)}{8+4k\beta^2-3\gamma} + \dfrac{8k\beta(8c_n-3c_r+4k\beta^2+3c_d+8\beta c_d)}{(8+4k\beta^2-3\gamma)^2} \right)$	0
$R_{0=}$	$\dfrac{c_d(-2+k\beta^2)+(-1+c_n)(2k\beta+\gamma)}{(2+k\beta^2+\gamma\beta)^2}$	0
$R_{=0}$	0	$\dfrac{\gamma(-1+c_d+c_n)}{(2+k+\gamma\beta_r)^2}$
$R_{=+}$	0	0
$R_{==}$	0	0

在命题 5.1 的边界条件下，易知 $\dfrac{2k\beta(-1+c_n)+c_d(-2+k\beta^2-\gamma\beta_r)}{(2+k\beta^2+\gamma\beta_r)^2} < 0$，

$$\frac{1}{3}\left(\frac{2k\beta(-1+c_n)+c_d(-2+k\beta^2)}{(2+k\beta^2)^2} - \frac{8(c_d+k\beta)}{8+4k\beta^2-3\gamma} + \frac{8k\beta(8c_n-3c_r+4k\beta^2+3c_d+8\beta c_d)}{(8+4k\beta^2-3\gamma)^2} \right) < 0,$$

$$\frac{c_d(-2+k\beta^2)+(-1+c_n)(2k\beta+\gamma)}{(2+k\beta^2+\gamma\beta)^2} < 0,$$

$$\frac{\gamma(-1+c_n+c_d\beta)}{(2+k\beta^2+\gamma\beta_r)^2} < 0,$$

$$\frac{\gamma(-1+c_d+c_n)}{(2+k+\gamma\beta_r)^2} < 0。$$

命题 5.3 证明完毕。

命题 5.3 表明回收模式下新产品需求随回收率和再利用率变化的情况。当原始制造商按照回收率的最低目标进行回收时，新产品需求随回收率的

增加而减小。当原始制造商全部进行回收时，回收率对新产品需求没有影响。当再制造商按照再利用率的最低目标进行再制造时，新产品需求随再利用率的增加而减小。当再制造商选择高于再利用率的最低目标或全部进行再制造时，再利用率对新产品需求没有影响。命题5.3表明在一定条件下，回收规制的提升会降低回收模式下新产品的需求，回收率和再利用率的提升对新产品的需求都存在负面影响。

命题 5.4 在再营销模式下，回收规制对新产品需求 q_n^{R*} 的影响如下：

（1）在均衡区域 $R_{0=}$ 中，$\dfrac{\partial q_n^{R*}}{\partial \beta} < 0$，在均衡区域 R_{00}，$R_{=0}$ 和 $R_{==}$ 中，$\dfrac{\partial q_n^{R*}}{\partial \beta} = 0$；

（2）在均衡区域 R_{00} 和 $R_{=0}$ 中，$\dfrac{\partial q_n^{R*}}{\partial \beta_r} < 0$，在均衡区域 $R_{0=}$ 和 $R_{==}$ 中，$\dfrac{\partial q_n^{R*}}{\partial \beta_r} = 0$；

证明：根据命题5.2及证明过程，可以求得再营销模式下各均衡区域下 $\dfrac{\partial q_n^{R*}}{\partial \beta}$ 和 $\dfrac{\partial q_n^{R*}}{\partial \beta_r}$，汇总得到表5-9。

表5-9 回收规制情形下回收率 β 和再利用率 β_r 对新产品需求 q_n 的影响（再营销模式）

均衡区域	$\dfrac{\partial q_n^{R*}}{\partial \beta}$	$\dfrac{\partial q_n^{R*}}{\partial \beta_r}$
R_{00}	0	$\dfrac{\gamma(-1+c_n)}{2(1+\gamma\beta_r)^2}$
$R_{0=}$	$\dfrac{\gamma(-1+c_n)}{2(1+\gamma\beta)^2}$	0

均衡区域	$\dfrac{\partial q_n^{R*}}{\partial \beta}$	$\dfrac{\partial q_n^{R*}}{\partial \beta_r}$
$R_{=0}$	0	$\dfrac{\gamma(-1+c_n)}{2(1+\gamma\beta_r)^2}$
$R_{==}$	0	0

在命题 5.1 的边界条件下，易知 $\dfrac{\gamma(-1+c_n)}{2(1+\gamma\beta)^2}<0$，$\dfrac{\gamma(-1+c_n)}{2(1+\gamma\beta_r)^2}<0$ 和

$\dfrac{\gamma(-1+c_n)}{2(1+\gamma\beta_r)^2}<0$。

命题 5.4 证明完毕。

命题 5.4 表明再营销模式下新产品需求随回收率和再利用率变化的情况。当再制造商按照回收率的最低目标进行回收并全部进行再制造时，新产品需求随回收率的增加而减小。当再制造商选择其他策略时，回收率对新产品需求没有影响。当再制造商按照再利用率的最低目标进行再制造时，新产品需求随再利用率的增加而减小。当再制造商选择全部进行再制造时，再利用率对新产品需求没有影响。该命题同样表明在一定条件下，回收规制的提升会降低再营销模式下新产品的需求，回收率和再利用率的提升都对新产品的需求存在负面影响。

下文对两种模式下回收规制对再制造水平的作用进行分析。

命题 5.5　在回收模式下，回收规制对再制造水平 q_r^{C*} 的影响为：

（1）在均衡区域 R_{00} 中，$\dfrac{\partial q_r^{C*}}{\partial \beta}<0$，在均衡区域 R_{0+} 和 $R_{0=}$ 中，$\dfrac{\partial q_r^{C*}}{\partial \beta}>0$，在均衡区域 $R_{=j}$，$j\in\{0,\ +,\ =\}$ 中，$\dfrac{\partial q_r^{C*}}{\partial \beta}=0$；

（2）在均衡区域 R_{l0}，$l\in\{0,\ =\}$ 中，$\dfrac{\partial q_r^{C*}}{\partial \beta_r}>0$，在均衡区域 $R_{l,j}$，

$l \in \{0, \ \ = \}$，$j \in \{+, \ \ = \}$ 中，$\dfrac{\partial q_r^{C*}}{\partial \beta_r} = 0$；

证明：根据命题5.1及证明过程，可以求回收模式下各均衡区域中再制造水平 q_r 对回收率 β 和再利用率 β_r 的偏导数，整理得到表5–10。

表 5 – 10 回收规制情形下回收率 β 和再利用率 β_r
对再制造水平 q_r 的影响（回收模式）

均衡区域	$\dfrac{\partial q_r^{C*}}{\partial \beta}$	$\dfrac{\partial q_r^{C*}}{\partial \beta_r}$
R_{00}	$\dfrac{\beta_r(2k\beta(-1+c_n)+c_d(-2+k\beta^2-\gamma\beta_r))}{(2+k\beta^2+\gamma\beta_r)^2}$	$-\dfrac{(-1+c_n+c_d\beta)(2+k\beta^2)}{(2+k\beta^2+\gamma\beta_r)^2}$
R_{0+}	$\dfrac{2(k\beta(8-8c_n+3c_r-3\gamma-3c_d-4\beta c_d)+c_d(8-3\gamma))}{(8+4k\beta^2-3\gamma)^2}$	0
$R_{0=}$	$\dfrac{2+c_n(-2+k\beta^2)-\beta(k\beta+4c_d+\gamma\beta c_d)}{(2+k\beta^2+\gamma\beta)^2}$	0
$R_{=0}$	0	$-\dfrac{(-1+c_d+c_n)(2+k)}{(2+k+\gamma\beta_r)^2}$
$R_{=+}$	0	0
$R_{==}$	0	0

在命题5.1的边界条件下，易知 $\dfrac{\beta_r(2k\beta(-1+c_n)+c_d(-2+k\beta^2-\gamma\beta_r))}{(2+k\beta^2+\gamma\beta_r)^2} < 0$，

$-\dfrac{(-1+c_n+c_d\beta)(2+k\beta^2)}{(2+k\beta^2+\gamma\beta_r)^2} > 0$，

$\dfrac{2(k\beta(8-8c_n+3c_r-3\gamma-3c_d-4\beta c_d)+c_d(8-3\gamma))}{(8+4k\beta^2-3\gamma)^2} > 0$，

$\dfrac{2+c_n(-2+k\beta^2)-\beta(k\beta+4c_d+\gamma\beta c_d)}{(2+k\beta^2+\gamma\beta)^2} > 0$ 和 $-\dfrac{(-1+c_d+c_n)(2+k)}{(2+k+\gamma\beta_r)^2} > 0$，

命题 5.5 证明完毕。

命题 5.5 表明回收模式下再制造水平随回收率和再利用率变化的情况。具体表现如下：（1）当原始制造商按照回收率的最低目标进行回收，再制造商按照再利用率的最低目标进行再制造时，再制造水平随回收率的增加而降低。该结果表明设定更高的回收目标并不意味着再制造水平的提高，这是由于该情形下回收和再制造对于双方都是无利可图的，只选择按照规制的最低目标完成，而再制造水平由再利用率和新产品需求共同影响，回收率目标的提高会导致原始制造商减少新产品的供应（命题 5.5 均衡区域 R_{00} 中 $\frac{\partial q_r^{C*}}{\partial \beta} < 0$），从而造成再制造水平的下降。此外，当原始制造商按照回收率的最低目标进行回收，再制造商高于再利用率的最低目标或全部进行再制造时，再制造水平随回收率的增加而提高。这是由于在均衡区域 R_{0+} 和 $R_{0=}$ 中回收率对新产品需求没有影响，回收率提高会导致再制造商选择更高的再利用率，从而提高再制造水平。当原始制造商全部进行回收时，不论再制造商选择哪一种再制造策略，回收率对再制造水平都没有影响。（2）当再制造商按照再利用率的最低目标进行再制造时，再制造水平随再利用率的增加而增加。当再制造商选择高于再利用率的最低目标或全部进行再制造时，再利用率对再制造水平没有影响。（3）命题 5.5 表明在一定条件下，回收规制的提升会提高回收模式下再制造水平，进而对新产品造成更加严重的侵蚀效果，间接表明了命题 5.3 中新产品需求的下降。

命题 5.6　在再营销模式下，回收规制对再制造水平 q_r^{R*} 的影响为：

（1）在均衡区域 $R_{0=}$ 中，$\frac{\partial q_r^{R*}}{\partial \beta} > 0$，在均衡区域 R_{00}，$R_{0=}$ 和 $R_{==}$ 中，$\frac{\partial q_r^{R*}}{\partial \beta} = 0$；

（2）在均衡区域 R_{00} 和 $R_{=0}$ 中，$\frac{\partial q_r^{R*}}{\partial \beta_r} > 0$，在均衡区域 $R_{0=}$ 和 $R_{==}$ 中，

$\dfrac{\partial q_r^{R*}}{\partial \beta_r} = 0$；

证明：根据命题5.2及证明过程，可以得到再营销模式下各均衡区域 $\dfrac{\partial q_r^{R*}}{\partial \beta}$ 和 $\dfrac{\partial q_r^{R*}}{\partial \beta_r}$，汇总得到表5-11。

表5-11　　　　　　回收规制情形下回收率 β 和再利用率 β_r
对再制造水平 q_r 的影响（再营销模式）

均衡区域	$\dfrac{\partial q_r^{R*}}{\partial \beta}$	$\dfrac{\partial q_r^{R*}}{\partial \beta_r}$
R_{00}	0	$\dfrac{1-c_n}{2(1+\gamma\beta_r)^2}$
$R_{0=}$	$\dfrac{1-c_n}{2(1+\gamma\beta)^2}$	0
$R_{=0}$	0	$\dfrac{1-c_n}{2(1+\gamma\beta_r)^2}$
$R_{==}$	0	0

在命题5.1的边界条件下，易知 $\dfrac{1-c_n}{2(1+\gamma\beta)^2}>0$ 和 $\dfrac{1-c_n}{2(1+\gamma\beta_r)^2}>0$。命题5.6证明完毕。

命题5.6表明再营销模式下再制造水平随回收率和再利用率的变化情况。具体表现如下：（1）当再制造商按照回收率的最低目标进行回收并全部进行再制造时，再制造水平随回收率的增加而增加。当再制造商选择其他策略时，回收率对再制造水平没有影响。这一结论与命题5.4第一部分相对应，表明再制造商实施策略0=时，回收率对新产品需求和再制造水平的影响刚好相反，回收率的增加会提高再制造水平并降低新产品的需求。（2）当再制造商按照再利用率的最低目标进行再制造时，再制造水平随再利用率的增加而降低。当再制造商选择全部进行再制造时，再利用率对再制造水平没有影响。这一结论与命题 5.4 第二部分相对应，表明再制造商按照再利用率的最低目标进行再制造时，再利用率对新产品需求和再制造品水平的影响相反，其他条件下则对两种产品的需求没有影响。（3）命题 5.6 进一步表明在一定条件下，回收规制目标的提升会提高再营销模式下再制造水平，进而对新产品造成更加严重的侵蚀效果。

进一步总结命题 5.3 至命题 5.6，发现回收模式下均衡区域 R_{00} 恰好对应再营销模式的均衡区域 $R_{==}$，此时新产品成本较高而再制造成本较低，即再制造品相对新产品优势最为明显，显然再制造品对新产品的侵蚀也最显著。在回收模式下，原始制造商为了最大限度地消除再制造品的侵蚀效应，选择最低回收率目标的回收策略，从而迫使再制造商选择最低利用率目标的再制造策略。此时回收率的提高会让制造商选择生产更少的新产品来应对，从而进一步限制再制造商的生产策略，再制造水平也会下降，即 $\dfrac{\partial q_r^{C*}}{\partial \beta} < 0$。而再利用率的提高则会提高再制造品水平，因为不论制造商如何限制再制造商，再制造品的数量总是按照再利用率的最低目标进行生产，即 $\dfrac{\partial q_r^{C*}}{\partial \beta_r} > 0$。而在再营销模式下，由于回收和再制造全部由再制造商负责，当再制造品优势最为明显时，再制造商只会选择全部回收并全部再制造，因此，回收率和再制造率对再制造水平没有影响，即 $\dfrac{\partial q_r^{R*}}{\partial \beta} = 0$ 和 $\dfrac{\partial q_r^{R*}}{\partial \beta_r} = 0$。

5.3.2 主要参数对企业利润的影响分析

本部分主要分析回收率目标 β 和再利用率目标 β_r 对 2 种模式下决策双方盈利能力的影响。由于利润函数的表达式比较复杂，难以直接进行理论分析，故采用数值仿真的方法进行研究。根据命题 5.1 的边界条件，设置具体的参数如下：$\gamma = 0.8$，$k = 2$，$c_d = 0.2$，$c_r = 0.4$，$c_n = 0.6$。

首先，分析回收模式下原始制造商和再制造商的利润随回收率目标 β 和再利用率目标 β_r 的变化情况。由于回收模式下均衡区域 $R_{=+}$ 和 $R_{==}$ 中企业的利润函数均不含有参数 β 和 β_r，因此只需给出前 4 种均衡区域下原始制造商和再制造商利润的变化曲线，如图 5 – 5 和图 5 – 6 所示。

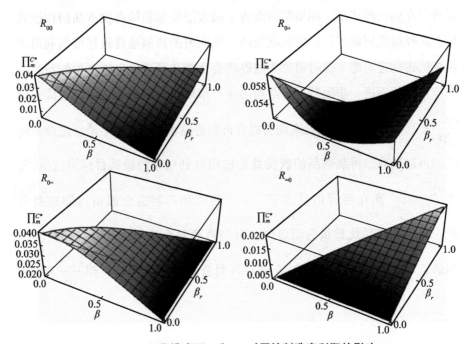

图 5 – 5　回收模式下 β 和 β_r 对原始制造商利润的影响

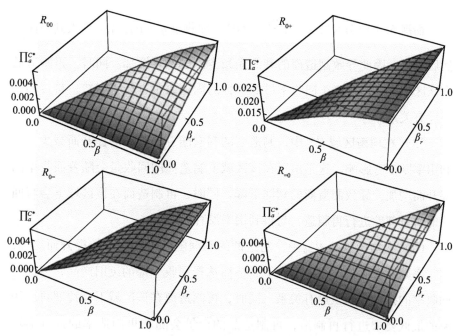

图5-6　回收模式下 β 和 β_r 对再制造商利润的影响

图5-5 显示了回收模式下原始制造商利润随回收率目标 β 和再利用率目标 β_r 变化的趋势。具体分析如下：

（1）在均衡区域 R_{00} 中，制造商的利润随着回收率的提升而减少，随着再利用率的提升而增加。这是由于在该区域下再制造品相对新产品优势最大，原始制造商会付出最大的努力去应对再制造品的侵蚀，当回收率提升时，制造商的回收成本进一步增加，进而蚕食制造商的利润。同时，随着再利用率的提升，再制造品的产量会增加，制造商可以从再制造品的获利中弥补自己利润的损失。

（2）在均衡区域 R_{0+} 中，制造商的利润随着回收率的提升先减少后增加，再利用率则没有影响。这是由于在该区域下制造商只按照回收率的最低目标进行回收，当回收率增加时，制造商会通过减少新产品的产量来应对（命题 5.3 均衡区域 R_{0_+} 中 $\dfrac{\partial q_n^{C*}}{\partial \beta}<0$），回收量 $q_c=\beta q_n$ 先会增大到最高点然后下降，因此导致制造商的利润先减少到最低再增加。同时，再制造商在该区域下只按照高于回收率最低目标的固定数量进行再制造，与再利用率没有关系。

（3）在均衡区域 $R_{0_=}$ 中，制造商的利润随着回收率的提升而减少，再利用率则没有影响。这是由于在该区域下制造商的回收量会随着回收率的提升而增加，导致制造商的利润下降。同时，再制造商在该区域下会将回收的所有部件进行再制造，与再利用率没有关系。

（4）在均衡区域 $R_{=0}$ 中，制造商的利润随着再利用率的提升而增加，回收率则没有影响。在该区域下制造商选择回收全部的废旧产品，因此与回收率的提升或降低没有关系。同时，再制造商在该区域下会按照再利用率的最低要求进行再制造，再制造品的产量会随着再制造率的提升而增加，制造商也会从再制造过程中获利。

（5）在均衡区域 $R_{=+}$ 和 $R_{==}$ 中，制造商选择回收全部的废旧产品，再制造商选择固定数量的部分或全部进行再制造，回收率和再利用率都没有影响。

图 5-6 显示了回收模式下再制造商利润随回收率目标 β 和再利用率目标 β_r 变化的趋势。具体分析如下：

（1）在均衡区域 R_{00} 和 $R_{=0}$ 中，再制造商的利润随着再利用率的提升而增加，回收率则没有影响。这是由于在该区域下再制造商会按照再利用率的最低要求进行再制造，随着再利用率的提升，再制造品的产量会增加（命题 5.5 均衡区域 R_{00} 和 $R_{=0}$ 中 $\dfrac{\partial q_r^{C*}}{\partial \beta_r}>0$），再制造商的利润也会随之增加。

（2）在均衡区域 R_{0_+} 和 $R_{0_=}$ 中，再制造商的利润随着回收率的提升而增加，再利用率则没有影响。这是由于在该区域下原始制造商按照回收率的最低目标进行回收，再制造商选择高于再利用率最低目标的固定数量或全部进行再制造，再制造品产量随回收率的增加而增加（命题 5.5 均衡区域 R_{0+} 和 $R_{0=}$ 中 $\dfrac{\partial q_r^{C^*}}{\partial \beta} > 0$），再制造商的利润也会随之增加。

（3）在均衡区域 $R_{=+}$ 和 $R_{==}$ 中，再制造商选择固定数量的部分或全部进行再制造，回收率和再利用率都没有影响。

其次，分析再营销模式下原始制造商和再制造商的利润随回收率目标 β 和再利用率目标 β_r 变化的情况。由于回收模式下均衡区域 $R_{==}$ 中企业的利润函数均不含参数 β 和 β_r，因此只需给出前 3 种均衡区域下原始制造商和再制造商利润的变化曲线，如图 5-7 和图 5-8 所示。

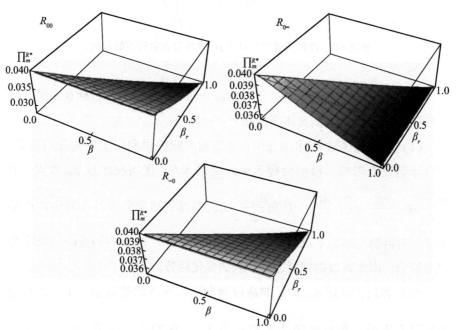

图 5-7　再营销模式下 β 和 β_r 对原始制造商利润的影响

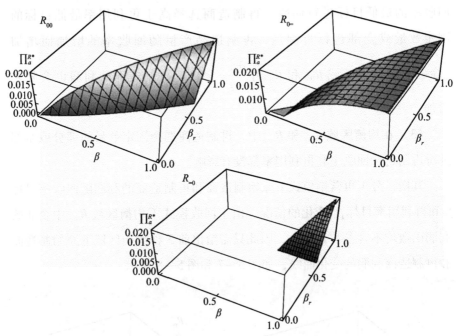

图 5 - 8　再营销模式下 β 和 β_r 对再制造商利润的影响

图 5 - 7 显示了再营销模式下原始制造商利润随回收率目标 β 和再利用率目标 β_r 变化的趋势。具体分析如下：

（1）在均衡区域 R_{00} 和 $R_{=0}$ 中，制造商利润随再利用率的提升而减少，回收率则没有影响。根据命题 5.4 和命题 5.6，在均衡区域 R_{00} 和 $R_{=0}$ 中 $\dfrac{\partial q_n^{R*}}{\partial \beta} = 0$，$\dfrac{\partial q_n^{R*}}{\partial \beta_r} < 0$，$\dfrac{\partial q_r^{R*}}{\partial \beta} = 0$ 和 $\dfrac{\partial q_r^{R*}}{\partial \beta_r} = 0$，即再利用率的提升会减少新产品需求，对再制造品需求没有影响，回收率则对新产品和再制造品的需求都没有影响，因此可以得到制造商利润的变化趋势。

（2）在均衡区域 $R_{0=}$ 中，制造商利润随回收率的提升而减少，再利用率则没有影响。根据命题 5.4 和命题 5.6，在均衡区域 $R_{0=}$ 中 $\dfrac{\partial q_n^{R*}}{\partial \beta} < 0$，$\dfrac{\partial q_n^{R*}}{\partial \beta_r} = 0$，$\dfrac{\partial q_r^{R*}}{\partial \beta} = 0$ 和 $\dfrac{\partial q_r^{R*}}{\partial \beta_r} = 0$，即回收率的提升会减少新产品需求，对再制

造品需求没有影响，再利用率则对新产品和再制造品的需求都没有影响，因此可以得到制造商利润的变化趋势。

（3）在均衡区域 $R_{==}$ 中，制造商选择回收全部的废旧产品，再制造商选择固定数量的部分或全部进行再制造，回收率和再利用率都没有影响。

图 5-8 显示了再营销模式下再制造商利润随回收率目标 β 和再利用率目标 β_r 变化的趋势。具体分析如下：

（1）在均衡区域 R_{00} 中，再制造商的利润随着回收率的提升而下降，随着再利用率的提升而增加。这是由于在该区域下再制造商只按照回收率的最低目标进行回收，回收率的提升会提高再制造商的回收成本，从而减少利润。同时，在该区域下再制造商只按照再利用率的最低目标进行再制造，再利用率的提升会增加再制造品的产量，从而带来额外的盈利。

（2）在均衡区域 $R_{0=}$ 中，再制造商的利润随着回收率的提升而增加，再利用率则没有影响。这是由于在该区域下再制造商只按照回收率的最低目标进行回收并全部再制造，回收率越高再制造品的数量就越大，再制造商的利润就越大。同时由于再制造商选择全部再制造，再利用率的提升对其没有影响。

（3）在均衡区域 $R_{=0}$ 中，再制造商的利润随着再利用率的提升而增加，回收率则没有影响。这是由于在该区域下再制造商全部进行回收并只按照再利用率的最低目标进行再制造，再利用率越高再制造品的数量就越大，再制造商的利润就越大。同时，由于再制造商选择全部回收，回收率的提升对其没有影响。

（4）在均衡区域 $R_{==}$ 中，制造商选择回收全部的废旧产品，再制造商选择全部回收并全部进行再制造，回收率和再利用率都没有影响。

5.4　数值分析

由于目前的规制政策多集中于废弃电器电子产品的回收再利用，因此选取电子行业中的手机为例，通过数值仿真进一步验证回收规制目标和回收成本结构对不同再制造策略的影响。

将本书第 3 章案例分析中手机的相关数据整理如下：借鉴奥夫钦尼科夫（2011）[1]，选择 $c_n \in \{150, 250, 350\}$ 代表生产成本的高中低水平。此外，借鉴阿塔苏和苏扎（2013）的研究[2]，假定潜在市场规模被标准化为 1，且比率 c_n/Q 处于 0.1 ~ 0.5。通过标准化，可以得到 $c_n \in \{0.15, 0.25, 0.35\}$。借鉴相关学者的研究，回收成本约为 0.1 美元 ~ 10 美元[3]，选择 $c_c = 5/1000$。此外，很多研究发现回收废旧手机是有利可图的，因为手机中蕴含了大量贵金属。因此，将手机的处置费用设为负值[4]，即 $c_d = -1/1000$。假设再制造节约的成本取值为 $c_r/c_n \in \{25\%, 75\%\}$。整理所有参数的取值如表 5 - 12 所示。

表 5 - 12　　　　　　　　　仿真参数的取值范围

参数	取值范围
c_n	0.15, 0.25, 0.35

① A Ovchinnikov. Revenue and cost management for remanufactured products [J]. Production and Operations Management, 2011, 20 (6): 824 - 840.

② A Atasu, G C Souza. How does product recovery affect quality choice? [J]. Production and Operations Management, 2013, 22 (4): 991 - 1010.

③ M Esmaeili, G Allameh, T Tajvidi. Using game theory for analysing pricing models in closed-loop supply chain from short-and long-term perspectives [J]. International Journal of Production Research, 2016, 54 (7): 2152 - 2169.

④ R Geyer, V D Blass. The economics of cell phone reuse and recycling [J]. The International Journal of Advanced Manufacturing Technology, 2010, 47: 515 - 525.

参数	取值范围
$\dfrac{c_r}{c_n}$	25% , 75%
c_c	0.005
c_d	− 0.001
γ	0.2, 0.5, 0.8
k	0.2

　　首先，分析回收模式下新产品需求和再制造品需求随回收率目标 β 和再利用率目标 β_r 变化的情况。根据不同模式下均衡区域的策略方案，给出不同均衡区域下新产品需求的变化曲线，如图 5 – 9 和图 5 – 10 所示。

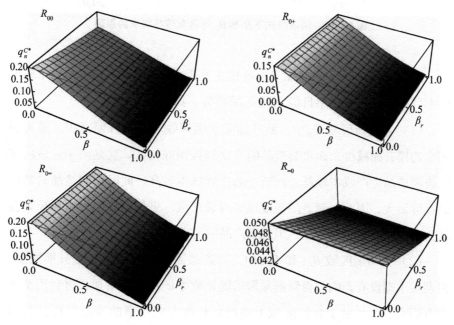

图 5 – 9　回收模式下 β 和 β_r 对新产品需求的影响

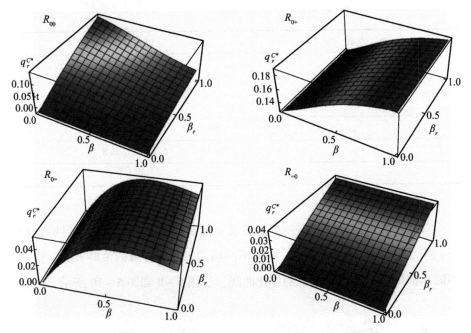

图 5-10   回收模式下 β 和 β_r 对再制造品需求的影响

图 5-9 和图 5-10 显示了回收模式下新产品需求和再制造品需求随回收率目标 β 和再利用率目标 β_r 变化的趋势。具体分析如下:

(1) 在均衡区域 R_{00} 中,新产品需求随回收率的提升而减少,随再利用率的提升而减少,而再制造品的变化趋势刚好相反。这是由于在该区域下再制造品生产成本较低,而新产品生产成本较高,此时再制造品对新产品优势最大,因此再制造品的侵蚀效应最严重。更加严格的规制目标则会加重再制造品的侵蚀效应,因此新产品的需求减少。

(2) 在均衡区域 R_{0+} 和 $R_{0=}$ 中,新产品需求随回收率的提升而减少,再利用率则没有影响;再制造品需求随回收率的提升而增加,再利用率也没有影响。这是由于在该区域下制造商只按照回收率的最低目标进行回收,当回收率增加时,制造商会通过减少新产品的产量来应对。同时,再制造商在该区域下只按照高于回收率最低目标的固定数量或全部进行再制造，再利用率的提升不会增加再制造品的数量，因此对新产品的需求没有影响。

（3）在均衡区域 $R_{=0}$ 中，新产品需求随着再利用率的提升而减少，再制造品的变化趋势刚好相反，回收率对两种产品的需求都没有影响。在该区域下制造商选择回收全部的废旧产品，因此与回收率的提升或降低没有关系。同时，再制造商在该区域下会按照再利用率的最低要求进行再制造，再制造品的数量会随着再制造率的提升而增加，从而侵蚀新产品的需求，而回收率则不会影响再制造品的数量，因此也不会影响新产品的需求。

（4）在均衡区域 $R_{=+}$ 和 $R_{==}$ 中，制造商选择回收全部的废旧产品，再制造商选择固定数量的部分或全部进行再制造，回收率和再利用率对再制造品的数量都没有影响，因此也不会影响新产品需求。

其次，分析再营销模式下新产品需求和再制造品需求随回收率目标 β 和再利用率目标 β_r 的变化情况。根据不同模式下均衡区域的策略方案，给出不同均衡区域下新产品需求的变化曲线，如图 5 – 11 和图 5 – 12 所示。

图 5 – 11 和图 5 – 12 显示了再营销模式下新产品需求和再制造品需求随回收率目标 β 和再利用率目标 β_r 的变化趋势。具体分析如下：

（1）在均衡区域 R_{00} 和 $R_{=0}$ 中，新产品需求随再利用率的提升而减少，再制造品需求则随再利用率的提升而增加，回收率对两种产品的需求没有影响。这是由于在这两个区域下再制造商只会选择按照利用率的最低目标进行再制造，再利用率的提升会提供更多的再制造品，因此会减少新产品的需求。回收率的变化不会影响再制造品的数量，因而也不会影响新产品需求。

（2）在均衡区域 $R_{0=}$ 中，新产品需求随回收率的提升而减少，再制造品需求则随回收率的提升而增加，再利用率对两种产品的需求没有影响。这是由于在该区域中再制造商按照回收率的最低目标进行回收并全部进行再制造，再制造品的数量会随回收率的增加而增加，进而会侵蚀新产品需求。再利用率则不会影响再制造品的数量，也不会影响新产品需求。

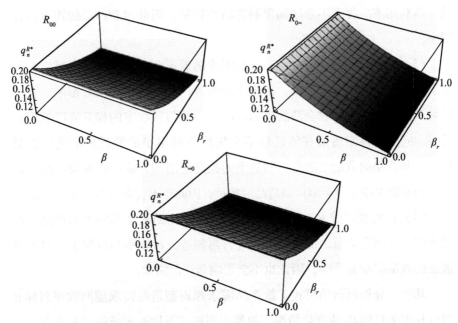

图 5 – 11 再营销模式下 β 和 β_r 对新产品需求的影响

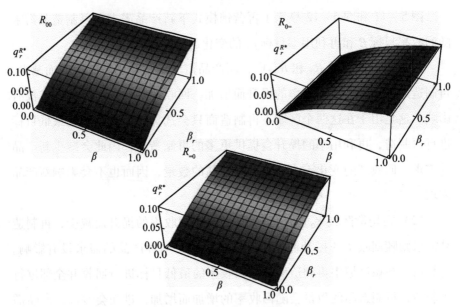

图 5 – 12 再营销模式下 β 和 β_r 对再制造品需求的影响

（3）在均衡区域 $R_=$ 中，再制造商选择回收全部的废旧产品并全部再制造，回收率和再利用率都不会影响再制造品和新产品的数量。

5.5　本章小结与管理启示

5.5.1　本章小结

近年来，各国政府和环保机构颁布了许多规制政策来强制原始制造商从事产品的回收和再利用。很多人认为，回收规制政策会激励原始制造商从事回收和再制造业务，但原始制造商出于对新产品市场竞争的关注和自身品牌的维护，往往通过授权的方式将再制造业务外包给第三方再制造商。回收规制对再制造外包情形下原始制造商和再制造商竞争的影响就成为亟须研究的问题。

本书构建了无规制情形和回收规制情形下再制造的策略模型，运用优化方法得到各种情形下决策双方的最优策略方案和边界条件，并分析回收率目标和再利用率目标对于再制造水平和利润的影响。研究表明：

（1）当再制造的成本具有优势时，双方会选择高于规制目标的再制造策略。在回收模式下，制造商选择高于回收率的最低目标进行回收，再制造商选择高于再利用率的最低目标进行再制造；在再营销模式下，再制造商选择高于回收率的最低目标进行回收并全部进行再制造。

（2）较高的回收率目标并不一定会导致较高的再制造水平，尤其是在再制造的成本不具有优势时，再制造模式下的再制造水平会随着回收率的提高而下降，这是由于原始制造商会采取降低新产品数量的方式来应对更加严格的回收规制，而较高的再制造率目标则对再制造水平的提高有积极作用。

（3）不同模式下回收规制对原始制造商利润的影响具有显著差异。回收模式下，只有在均衡区域 R_{0_+} 中，当再制造成本小于一定阈值时，原始制造商的利润才会随着回收率的提升而增加，即原始制造商会有动力支持更加严格的回收目标。其他情形下，回收率的提升则对原始制造商的利润具有负面影响；再利用率的提升则对原始制造商的利润具有正面影响，原始制造商可以分享更多再制造市场的利润。再营销模式下，回收率目标和再制造率目标对原始制造商的利润都具有负面影响，原始制造商倾向于抵制更高的规制目标。

（4）不同模式下回收规制对再制造商利润的影响具有差异。回收模式下，回收率目标和再制造率目标对再制造商的利润都具有正面影响，即回收模式下再制造商会支持更加严格的回收规制目标。再营销模式下，在均衡区域 R_{00} 中再制造商的利润随回收率的增加而减少，其他情形下回收率则对再制造商的利润具有正面影响；再利用率目标对再制造商的利润具有正面影响。

5.5.2 管理启示

鉴于回收规制政策和再制造运作策略的相互作用，政府机构在制定规制政策时必须了解更高的回收规制目标对再制造行业带来的影响。通常认为更高的规制目标会导致更高的再制造水平，但本书却发现该结论不适用的情形。首先，本书通过模型推导和数值模拟发现，当再制造的成本不具有优势时，回收模式下的再制造水平会随着回收率的提高而下降。这是因为在此条件下，原始制造商采取降低新产品数量的方式应对更加严格的回收规制。因此，本书建议政府和相关环保组织在制定规制政策时，需要考虑产品的行业特性和再制造成本的结构。其次，很多情形下原始制造商会抵制较高的回收目标，但当再制造成本具有一定优势时，原始制造商会有动力支持更加严格的回收目标。此外，原始制造商会支持更加严格的再利用率目标，它可以让原始制造商分享更多再制造市场的利润。该结论反映了回收规制的两个目标对企业从事回收再制造的影响并不同步，因此本书建议政府在制定规制目标时应分别考虑不同规制目标的适用条件和行业特征。最后，虽然本书的研究重点主要是在电子行业，但是研究结论也适用于其他类似的再制造行业，例如，汽车、轮胎和电池等行业的产品回收和再制造。

第6章

结论与展望

6.1 结论

在行业实践中，原始设备制造商既要专注于新产品市场的竞争，又要有效地提升自身品牌的维护和构建，因而其往往通过授权的方式将再制造业务外包给第三方再制造商，这种再制造外包的形式已在汽车、电子等行业普遍存在。在实践中，原始制造商会采取回收策略和再营销策略来应对再制造外包的产品侵蚀问题。从经济绩效和环境效益的角度研究不同渠道策略对再制造运作的影响，已成为业界和学术界关注的热点。此外，随着资源循环利用和低碳经济等理念的发展，政府和环保机构颁布了很多规制法律和政策来引导再制造业的发展：一是以碳排放权交易为主的市场机制，二是法律和行政手段为再制造行业及企业制定回收再利用的标准和目标。在政府规制政策下，企业的再制造决策如何变化，回收策略和再营销策略是否继续有效，成为原始制造商在规制政策下面临的新问题。结合前人的理论研究和再制造行业的实践分析，本书深入研究再制造外包情形下的产品侵蚀问题和渠道策略，旨在为政府和从事再制造的相关企业提供决策借鉴。本书主要研究工作及结论归纳如下：

（1）构建了一个由原始制造商与再制造商组成的供应链模型，刻画原始制造商应对再制造外包的侵蚀问题采用回收策略和再营销策略，探讨原始制造商不同的渠道策略选择对制造外包情形下经济效益和环境效益的影响。研究结果表明，一方面，当回收成本系数较小时，回收策略可以更好地应对产品侵蚀问题，在市场中提供更多的新产品；当回收成本系数适中时，再营销策略可以为原始制造商和再制造商双方创造双赢的结果，从而实现帕累托改进；当回收成本系数大于一定阈值时，回收策略比再营销策略更加环保。另一方面，随着再制造成本的增加，原始制造商和再制造商的盈利能力会下降，对环境的不利影响则会增加。首先，本书匹配了前人的研究结果，即原始制造商由于害怕再制造品的侵蚀不愿进入再制造市场，甚至通过回收策略来阻止第三方再制造商的进入。其次，本书进一步研究了不同策略的适用条件，当回收成本系数低于一定阈值时，原始制造商采取回收策略可以将产品侵蚀问题降至最低，但并不会导致其利润最大化。当回收成本系数适中时，再营销策略则可以为原始制造商和再制造双方创造双赢的结果。该结论与欧美发达国家强调企业的回收责任不一致，市场的营销策略在一定条件下可以更有效地调节再制造市场的资源配置。因此，本书建议再制造行业的管理者根据再制造行业的成本结构，选择不同的渠道策略。

（2）构建了碳排放规制下的再制造外包的供应链模型，探讨原始制造商在不同渠道策略下通过减排投资应对再制造品侵蚀问题的有效性，并分析自主减排投资对企业的再制造决策、收益和环境的影响。研究结果表明：第一，碳排放规制下原始制造商的两种渠道策略依然有效。回收成本较小时，回收策略可以更好地应对产品侵蚀问题。当回收成本系数适中时，再营销策略可以为原始制造商和再制造商双方创造双赢的结果。第二，投资减排成本的增加会提高再制造品的市场需求，造成更加严重的侵蚀效果。随着投资减排成本的提高，原始制造商更倾向于选择回收策略。第三，原始制造商的利润和投资减排水平随投资减排成本的增加而降低，当回收成本较小时，原始制造商会选择更优的回收策略。第四，碳排放总额随投资减排成本的下降而减少，当回收成本不够大时，再营销策略更加环保。根据理论研究和数值仿真的结果，本书建议政府采取适当的补贴政策，激励企业碳排放技术的研发，降低碳减排投资的成本，这不仅有利于企业生产低碳产品，也有利于保护环境。

（3）构建了无规制情形和回收规制情形下再制造外包的策略模型，运用优化方法得到各种情形下决策双方的最优策略方案和边界条件，并分析回收率目标和再利用率目标对于再制造水平和利润的影响。首先，当再制造的成本具有优势时，双方会选择高于规制目标的再制造策略。在回收模式下，制造商选择高于回收率的最低目标进行回收，再制造商选择高于再利用率的最低目标进行再制造；在再营销模式下，再制造商选择高于回收率的最低目标进行回收并全部进行再制造。其次，严格的规制目标不一定导致更高的再制造水平。特别是回收率目标，在再制造成本具有优势时，会抑制再制造水平的提高。最后，不同模式下规制目标对双方利润的影响具有显著差异。只有当再制造成本小于一定阈值时，原始制造商才有动力支持回收率目标的提升。根据上述研究成果，本书建议政府和相关环保组织在制定规制政策时，需要根据不同行业特征、产品特性和再制造的成本优势等因素进行区分对待。

6.2 后续工作展望

再制造作为实现资源再生和经济可持续发展的重要途径，目前已成为政府、回收再制造企业和消费者关注的热点问题。本书运用博弈理论和优化理论探讨再制造外包情形下的产品侵蚀问题和渠道策略选择。但是，由于研究中存在的各种限制因素，本书的研究存在一定的局限性。下文对研究局限和不足之处进行了归纳，并对未来工作进行展望。

（1）本书假设所有再制造品的质量都是相同的，即消费者对所有制造品的支付意愿相同。事实上，消费者对不同销售渠道的再制造产品表现出不同的偏好，例如，有文献指出当第三方进行销售时，会提高消费者的支付意愿，而当制造商自己销售时，会降低消费者的支付意愿。因此，当消费者对不同销售渠道的支付意愿不同时，不同的策略选择会如何影响外包再制造供应链，值得进一步研究。

（2）本书只考虑原始制造商的回收策略和再制造品的再营销策略。在某些情形下，允许再制造商和原始制造商同时采取相同的策略，例如，双方同时参与回收或同时销售再制造品。当双方在同一策略下竞争时，会产生怎样的结果，值得进一步研究。

（3）政府补贴的机制和设计还需进一步探讨。本书只讨论了碳交易和回收规制对再制造供应链主体的约束，而政府的补贴作为一种激励手段，可以推动再制造商的回收再制造行为。当政府将补贴资金分配给消费者时，是否能刺激再制造品的市场需求？政府应如何确定补贴的方式和分配比例激励再制造主体，对再制造的外包策略会产生怎样的影响？这些问题也值得后续深入研究。

参 考 文 献

[1] 曹柬，赵韵雯，吴思思，等.考虑专利许可及政府规制的再制造博弈 [J].管理科学学报，2020，23（3）：1 - 23.

[2] 段宏波，汪寿阳.中国的挑战：全球温控目标从2℃到1.5℃的战略调整 [J].管理世界，2019，35（10）：50 - 63.

[3] 范庆泉.环境规制、收入分配失衡与政府补偿机制 [J].经济研究，2018，53（05）：14 - 27.

[4] 傅京燕，李丽莎.环境规制、要素禀赋与产业国际竞争力的实证研究：基于中国制造业的面板数据 [J].管理世界，2010（10）：87 - 98，187.

[5] 公彦德，蒋雨薇，达庆利.不同混合回收模式和权力结构的逆向供应链决策分析 [J].中国管理科学，2020，28（10）：131 - 143.

[6] 郭春香，谭越.规制环境下基于回收质量不确定的闭环供应链决策研究 [J].软科学，2018，32（10）：112 - 118.

[7] 国务院发展研究中心课题组，张玉台，刘世锦，等.二氧化碳国别排放账户：应对气候变化和实现绿色增长的治理框架 [J].经济研究，2011，46（12）：4 - 17，31.

[8] 胡培，代雨宏.基于消费者行为的低碳供应链定价策略研究 [J].软科学，2018，8（32）：73 - 77，90.

[9] 黄少辉，袁开福，何波，等.考虑废旧品质量的闭环供应链混合回收渠道选择研究 [J].运筹与管理，2020，29（10）：104 - 111.

［10］黄宗盛，聂佳佳，胡培．基于微分对策的再制造闭环供应链回收渠道选择策略［J］．管理工程学报，2013，27（3）：93－102.

［11］金刚，沈坤荣．以邻为壑还是以邻为伴？环境规制执行互动与城市生产率增长［J］．管理世界，2018，34（12）：43－55.

［12］李倩茹，陈伟达，杨烨．考虑不同阶段融资的再制造产品回收定价决策［J］．统计与决策，2019，35（20）：131－143.

［13］廖诺，赵亚莉，贺勇，等．碳交易政策对电煤供应链利润及碳排放量影响的仿真分析［J］．中国管理科学，2018，26（8）：154－163.

［14］林贵华，单仁邦，陈拼博．政府补贴下闭环供应链回收渠道的选择策略［J］．运筹与管理，2020，29（4）：43－53.

［15］刘东霞，谭德庆．基于消费者效用模型的耐用品垄断商回购与再制造决策研究［J］．中国管理科学，2014，22（4）：134－141.

［16］卢荣花，李南．电子产品闭环供应链回收渠道选择研究［J］．系统工程理论与实践，2016，36（7）：1687－1695.

［17］鲁力，陈旭．不同碳排放政策下基于回购合同的供应链协调策略［J］．控制与决策，2014，29（12）：2212－2220.

［18］马祖军，胡书，代颖．政府规制下混合渠道销售/回收的电器电子产品闭环供应链决策［J］．中国管理科学，2016，24（1）：86－94.

［19］宋弘，孙雅洁，陈登科．政府空气污染治理效应评估：来自中国"低碳城市"建设的经验研究［J］．管理世界，2019，35（6）：95－108，195.

［20］孙浩，达庆利．基于不同权力结构的废旧产品回收再制造决策分析［J］．中国管理科学，2009，17（5）：104－112.

［21］孙浩，王磊，李晨，等．回收模式相异的零售商主导型闭环供应链竞争模型研究［J］．中国管理科学，2020，28（4）：86－98.

［22］汤维祺，钱浩祺，吴力波．内生增长下排放权分配及增长效应［J］．中国社会科学，2016（1）：60－81，204－205.

[23] 唐飞,许茂增.考虑专利保护和渠道偏好的再制造双渠道闭环供应链决策与协调 [J].运筹与管理,2019,28 (6):61-69.

[24] 王明喜,王明荣,汪寿阳,等.最优减排策略及其实施的理论分析 [J].管理评论,2010,22 (6):44-49.

[25] 王兴棠,李杰.EPR 制度下企业废弃物处理模式内生性选择研究 [J].管理学报,2019,16 (5):728-735.

[26] 王哲,李帮义,王玥.再制造品环境税征收政策研究 [J].科研管理,2019,40 (2):186-198.

[27] 魏洁,李军.EPR 下的逆向物流回收模式选择研究 [J].中国管理科学,2005 (6):18-22.

[28] 伍颖,熊中楷.竞争条件下制造商和再制造商的生产决策 [J].系统工程理论与实践,2014,34 (2):291-303.

[29] 夏西强,曹裕.外包再制造下政府补贴对制造/再制造影响研究 [J].系统工程理论与实践,2020,40 (7):1780-1791.

[30] 薛进军.中国低碳经济发展报告 (2019) [M].北京:对外经济贸易大学出版社,2019.

[31] 杨磊,张琴,张智勇.碳交易机制下供应链渠道选择与减排策略 [J].管理科学学报,2017,20 (11):75-87.

[32] 杨曦,彭水军.碳关税可以有效解决碳泄漏和竞争力问题吗?基于异质性企业贸易模型的分析 [J].经济研究,2017,52 (5):60-74.

[33] 余泳泽,孙鹏博,宣烨.地方政府环境目标约束是否影响了产业转型升级? [J].经济研究,2020,55 (8):57-72.

[34] 张宁,张维洁.中国用能权交易可以获得经济红利与节能减排的双赢吗? [J].经济研究,2019,54 (1):167-183.

[35] 张文彬,张理芃,张可云.中国环境规制强度省际竞争形态及其演变:基于两区制空间 Durbin 固定效应模型的分析 [J].管理世界,2010 (12):34-44.

［36］朱庆华，夏西强，李幻云. 政府补贴与专利费用下制造与再制造博弈模型［J］. 系统工程学报，2017，1（32）：8 - 18.

［37］邹宗保，王建军，邓贵仕. 再制造产品销售渠道决策分析［J］. 运筹与管理，2017，26（6）：1 - 9.

［38］A Alshamsi, A Diabat. A reverse logistics network design［J］. Journal of Manufacturing Systems, 2015, 37（3）: 589 - 598.

［39］A A Taleizadeh, N Alizadeh - Basban, B R Sarker. Coordinated contracts in a two-echelon green supply chain considering pricing strategy［J］. Computers & Industrial Engineering, 2018, 124: 249 - 275.

［40］A Atasu, G C Souza. How does product recovery affect quality choice?［J］. Production and Operations Management, 2013, 22（4）: 991 - 1010.

［41］A Atasu, J Guide, V Daniel R, et al. So what if remanufacturing cannibalizes my new product sales?［J］. California Management Review, 2010, 52（2）: 56 - 76.

［42］A Atasu, L B Toktay, L N Van Wassenhove. How collection cost structure drives a manufacturer's reverse channel choice［J］. Production and Operations Management, 2013, 22（5）: 1089 - 1102.

［43］A Atasu, M Sarvary, L N Van Wassenhove. Remanufacturing as a marketing strategy［J］. Management Science, 2008, 54（10）: 1731 - 1746.

［44］A Atasu, O Ozdemir, L N Van Wassenhove. Stakeholder perspectives on e-waste take-back legislation［J］. Production and Operations Management, 2012, 22（2）: 382 - 396.

［45］A Atasu, R Subramanian. Extended producer responsibility for e-waste: individual or collective producer responsibility?［J］. Production and Operations Management, 2012, 21（6）: 1042 - 1059.

［46］A Chaabane, A Ramudhin, M Paquet. Design of sustainable supply chains under the emission trading scheme [J]. International Journal of Production Economics, 2012, 135 (1): 37 - 49.

[47] A Ezroj. How the European Union's WEEE & RoHS Directives can help the United States develop a successfull national e-waste strategy [J]. Virginia Environmental Law Journal, 2010, 28 (45): 46 - 72.

[48] A Ghose, M D Smith, R Telang. Internet exchanges for used books: An empirical analysis of product cannibalization and welfare impact [J]. Information Systems Research, 2006, 17 (1): 3 - 19.

[49] A Orsdemir, E Kemahlioglu - Ziya, A K Parlakturk. Competitive quality choice and remanufacturing [J]. Production and Operations Management, 2014, 23 (1): 48 - 64.

[50] A Ovchinnikov. Revenue and cost management for remanufactured products [J]. Production and Operations Management, 2011, 20 (6): 824 - 840.

[51] A Ovchinnikov, V Blass, G Raz. Economic and environmental assessment of remanufacturing strategies for product + service firms [J]. Production and Operations Management, 2014, 23 (5): 744 - 761.

[52] A Yenipazarli. Managing new and remanufactured products to mitigate environmental damage under emissions regulation [J]. European Journal of Operational Research, 2016, 249 (1): 117 - 130.

[53] B T Hazen, C A Boone, Y Wang, et al. Perceived quality of remanufactured products: construct and measure development [J]. Journal of Cleaner Production, 2017, 142: 716 - 726.

[54] B W Jacobs, R Subramanian. Sharing responsibility for product recovery across the supply chain [J]. Production and Operations Management, 2012, 21 (1): 85 - 100.

[55] B Zhang, L Xu. Multi-item production planning with carbon cap and

trade mechanism [J]. International Journal of Production Economics, 2013, 144 (1): 118 – 127.

[56] C Barragán – Beaud, A Pizarro – Alonso, M Xylia, et al. Carbon tax or emissions trading? An analysis of economic and political feasibility of policy mechanisms for greenhouse gas emissions reduction in the Mexican power sector [J]. Energy Policy, 2018, 122: 287 – 299.

[57] C Diallo, U Venkatadri, A Khatab, et al. State of the art review of quality, reliability and maintenance issues in closed-loop supply chains with remanufacturing [J]. International Journal of Production Research, 2017, 55 (5): 1277 – 1296.

[58] C Eckel, J P Neary. Multi-product firms and flexible manufacturing in the global economy [J]. The Review of Economic Studies, 2010, 77 (1): 188 – 217.

[59] C – H Wu. Price and service competition between new and remanufactured products in a two-echelon supply chain [J]. International Journal of Production Economics, 2012, 140 (1): 496 – 507.

[60] D F Drake, P R Kleindorfer, L N Van Wassenhove. Technology choice and capacity portfolios under emissions regulation [J]. Production and Operations Management, 2016, 25 (6): 1006 – 1025.

[61] D Jia, S Li. Optimal decisions and distribution channel choice of closed-loop supply chain when e-retailer offers online marketplace [J]. Journal of Cleaner Production, 2020, 265: 1 – 13.

[62] E Haites. Carbon taxes and greenhouse gas emissions trading systems: what have we learned? [J]. Climate Policy, 2018, 18 (8): 955 – 966.

[63] EPA. Desktop computer displays a life-cycle assessment [EB/OL]. http: //www. epa. gov, June 1, 2014.

[64] E Plambeck, Q Wang. Effects of e-waste regulation on new product

introduction [J]. Management Science, 2009, 55 (3): 333 –347.

[65] G Allan, P Lecca, P Mcgregor, et al. The economic and environ-mental impact of a carbon tax for Scotland: A computable general equilibrium analysis [J]. Ecological Economics, 2014, 100: 40 –50.

[66] G C Esenduran, E Kemahlioglu – Ziya, J M Swaminathan. Impact of take-back regulation on the remanufacturing industry [J]. Production and Opera-tions Management, 2017, 26 (5): 924 –944.

[67] G Dou, H Guo, Q Zhang, et al. A two-period carbon tax regulation for manufacturing and remanufacturing production planning [J]. Computers & Industrial Engineering, 2019, 128: 502 –513.

[68] G Esenduran, E Kemahlioglu – Ziya. A comparison of product take-back compliance schemes [J]. Production and Operations Management, 2015, 24 (1): 71 –88.

[69] G Esenduran, E Kemahliogluziya, J M Swaminathan. Take-back leg-islation: Consequences for remanufacturing and environment [J]. Decision Sci-ences, 2016, 47 (2): 219 –256.

[70] G Esenduran, E Kemahlıoğlu – Ziya, J M Swaminathan. Impact of take-back regulation on the remanufacturing industry [J]. Production and Opera-tions Management, 2017, 26 (5): 924 –944.

[71] G Ferrer, J M Swaminathan. Managing new and remanufactured products [J]. Management Science, 2006, 52 (1): 15 –26.

[72] G Hua, T Cheng, S Wang. Managing carbon footprints in inventory management [J]. International Journal of Production Economics, 2011, 132 (2): 178 –185.

[73] G Raz, G C Souza. Recycling as a strategic supply source [J]. Pro-duction and Operations Management, 2018, 27 (5): 902 –916.

[74] H Huang, Q Meng, H Xu, et al. Cost information sharing under

competition in remanufacturing [J]. International Journal of Production Research, 2019, 57 (21): 6579 – 6592.

[75] H Liu, M Lei, H Deng, et al. A dual channel, quality-based price competition model for the WEEE recycling market with government subsidy [J]. Omega, 2016, 59: 290 – 302.

[76] H Liu, M Lei, T Huang, et al. Refurbishing authorization strategy in the secondary market for electrical and electronic products [J]. International Journal of Production Economics, 2018, 195: 198 – 209.

[77] I Karakayali, H Emir – Farinas, E Akcali. An analysis of decentralized collection and processing of end-of-life products [J]. Journal of Operations Management, 2007, 25 (6): 1161 – 1183.

[78] J Cao, X Zhang, L Hu, et al. EPR regulation and reverse supply chain strategy on remanufacturing [J]. Computers & Industrial Engineering, 2018, 125: 279 – 297.

[79] J Chai, W Yan, Y Li, et al. Selling vertically differentiated products under one channel or two? A quality segmentation model for differentiated distribution channels [J]. Journal of the Operational Research Society, 2019, 71 (8): 1180 – 1198.

[80] J D Abbey, R Kleber, G C Souza, et al. The role of perceived quality risk in pricing remanufactured products [J]. Production and Operations Management, 2017, 26 (1): 100 – 115.

[81] J D Shulman, A T Coughlan, R C Savaskan. Optimal reverse channel structure for consumer product returns [J]. Marketing Science, 2010, 29 (6): 1071 – 1085.

[82] J Evans, P Levine, F Trillas. Lobbies, delegation and the under-investment problem in regulation [J]. International Journal of Industrial Organization, 2008, 26 (1): 17 – 40.

[83] J Gao, H Han, L Hou, et al. Pricing and effort decisions in a closed-loop supply chain under different channel power structures [J]. Journal of Cleaner Production, 2016, 112: 2043 – 2057.

[84] J Gerrard, M Kandlikar. Is european end-of-life vehicle legislation living up to expectations? Assessing the impact of the ELV directive on 'green' innovation and vehicle recovery [J]. Journal of Cleaner Production, 2007, 15: 17 – 27.

[85] J Ji, Z Zhang, L Yang. Carbon emission reduction decisions in the retail –/dual-channel supply chain with consumers' preference [J]. Journal of Cleaner Production, 2017, 141: 852 – 867.

[86] J Marion. Sun under fire-for fixing solaris OS costs to reduce competition in used Sun market [EB/OL]. http: //www. sparcproductdirectory. com, June 1, 2004.

[87] J Neto, G Walther, J Bloemhof, et al. From closed-loop to sustainable supply chains: The WEEE case [J]. International Journal of Production Research, 2010, 48 (15): 4463 – 4481.

[88] J Zhao, C Wang, L Xu. Decision for pricing, service, and recycling of closed-loop supply chains considering different remanufacturing roles and technology authorizations [J]. Computers & Industrial Engineering, 2019, 132: 59 – 73.

[89] K Arrow. Economic welfare and the allocation of resources for invention [M]. Princeton: Princeton University Press, 1962.

[90] K Kim, D Chhajed. Commonality in product design: Cost saving, valuation change and cannibalization [J]. European Journal of Operational Research, 2000, 125 (3): 602 – 621.

[91] L Cui, K – J Wu, M – L Tseng. Selecting a remanufacturing quality strategy based on consumer preferences [J]. Journal of Cleaner Production,

2017, 161: 1308 – 1316.

[92] L Feng, K Govindan, C Li. Strategic planning: Design and coordination for dual-recycling channel reverse supply chain considering consumer behavior [J]. European Journal of Operational Research, 2017, 260 (2): 601 – 612.

[93] L G Debo, L B Toktay, L N V Wassenhove. Market segmentation and product technology selection for remanufacturable products [J]. Management Science, 2005, 51 (8): 1193 – 1205.

[94] L H Goulder, A R Schein. Carbon taxes versus cap and trade: A critical review [J]. Climate Change Economics, 2013, 4 (3): 135 – 175.

[95] L Wang, G Cai, A A Tsay, et al. Design of the reverse channel for remanufacturing: Must profit-maximization harm the environment? [J]. Production and Operations Management, 2017, 26 (8): 1585 – 1603.

[96] L Xia, T Guo, J Qin, et al. Carbon emission reduction and pricing policies of a supply chain considering reciprocal preferences in cap-and-trade system [J]. Annals of Operations Research, 2018, 268 (1): 149 – 175.

[97] L Yang, J Ji, M Wang, et al. The manufacturer's joint decisions of channel selections and carbon emission reductions under the cap-and-trade regulation [J]. Journal of Cleaner Production, 2018, 193: 506 – 523.

[98] L Yang, Y Hu, L Huang. Collecting mode selection in a remanufacturing supply chain under cap-and-trade regulation [J]. European Journal of Operational Research, 2020, 287 (2): 480 – 496.

[99] M Akan, B Ata, R C Savaşkan. Dynamic pricing of remanufacturable products under demand substitution: A product life cycle model [J]. Annals of operations research, 2013, 211 (1): 1 – 25.

[100] M Corradini, V Costantini, A Markandya, et al. A dynamic assessment of instrument interaction and timing alternatives in the EU low-carbon

policy mix design [J]. Energy Policy, 2018, 120: 73 –84.

[101] M E Ferguson, G C Souza. Closed-loop Supply chains: New developments to improve the sustainability of business practices [M]. Boca Raton: CRC Press, 2010.

[102] M E Ferguson, L B Toktay. The effect of competition on recovery strategies [J]. Production and Operations Management, 2006, 15 (3): 351 – 368.

[103] M Eskandarpour, E Masehian, R Soltani, et al. A reverse logistics network for recovery systems and a robust metaheuristic solution approach [J]. The International Journal of Advanced Manufacturing Technology, 2014, 74 (9): 1393 –1406.

[104] M Esmaeili, G Allameh, T Tajvidi. Using game theory for analysing pricing models in closed-loop supply chain from short-and long-term perspectives [J]. International Journal of Production Research, 2016, 54 (7): 2152 – 2169.

[105] M Ferguson, V D R Guide, E Koca, et al. The value of quality grading in remanufacturing [J]. Production and Operations Management, 2009, 18 (3): 300 –314.

[106] M Fleischmann, J M Bloemhof – Ruwaard, R Dekker, et al. Quantitative models for reverse logistics: A review [J]. European Journal of Operational Research, 1997, 103 (1): 1 –17.

[107] M Hariga, R As'ad, A Shamayleh. Integrated economic and environmental models for a multi stage cold supply chain under carbon tax regulation [J]. Journal of Cleaner Production, 2017, 166: 1357 –1371.

[108] M Hariga, R As'ad, Z Khan. Manufacturing-remanufacturing policies for a centralized two stage supply chain under consignment stock partnership [J]. International Journal of Production Economics, 2017, 183: 362 –374.

[109] M Huang, M Song, L H Lee, et al. Analysis for strategy of closed-loop supply chain with dual recycling channel [J]. International Journal of Production Economics, 2013, 144 (2): 510 – 520.

[110] M Jin, B Li, Y Xiong, et al. Implications of coproduction technology on waste management: Who can benefit from the coproduct made of leftover materials? [J]. European Journal of Operational Research, 2023, 307 (3): 1248 – 1259.

[111] M Jin, J Nie, F Yang, et al. The impact of third-party remanufacturing on the forward supply chain: A blessing or a curse? [J]. International Journal of Production Research, 2017, 55 (22): 1 – 12.

[112] M R Galbreth, J D Blackburn. Optimal acquisition quantities in remanufacturing with condition uncertainty [J]. Production and Operations Management, 2010, 19 (1): 61 – 69.

[113] M R Galbreth, T Boyacı, V Verter. Product reuse in innovative industries [J]. Production and Operations Management, 2013, 22 (4): 1011 – 1033.

[114] N Oraiopoulos, M E Ferguson, L B Toktay. Relicensing as a secondary market strategy [J]. Management Science, 2012, 58 (5): 1022 – 1037.

[115] Ordoobadi Sharon M. Outsourcing reverse logistics and remanufacturing functions: A conceptual strategic model [J]. Management Research News, 2009, 32 (9): 831 – 845.

[116] P D Giovanni, G Zaccour. A two-period game of a closed-loop supply chain [J]. European Journal of Operational Research, 2014, 232 (1): 22 – 40.

[117] P He, G Dou, W Zhang. Optimal production planning and cap setting under cap-and-trade regulation [J]. Journal of the Operational Research So-

ciety, 2017, 68 (9): 1094 – 1105.

[118] P He, W Zhang, X Xu, et al. Production lot-sizing and carbon emissions under cap-and-trade and carbon tax regulations [J]. Journal of Cleaner Production, 2015, 103: 241 – 248.

[119] P Majumder, H Groenevelt. Competition in remanufacturing [J]. Production and Operations Management, 2001, 10 (2): 125 – 141.

[120] P S Desai. Quality segmentation in spatial markets: When does cannibalization affect product line design? [J]. Marketing Science, 2001, 20 (3): 265 – 283.

[121] Q Bai, J Xu, Y Zhang. Emission reduction decision and coordination of a make-to-order supply chain with two products under cap-and-trade regulation [J]. Computers & Industrial Engineering, 2018, 119: 131 – 145.

[122] Q Chai, Z Xiao, K H Lai, et al. Can carbon cap and trade mechanism be beneficial for remanufacturing? [J]. International Journal of Production Economics, 2018, 203: 311 – 321.

[123] Q P Qiang. The closed-loop supply chain network with competition and design for remanufactureability [J]. Journal of Cleaner Production, 2015, 105: 348 – 356.

[124] Q Wang, D Zhao, L He. Contracting emission reduction for supply chains considering market low-carbon preference [J]. Journal of Cleaner Production, 2016, 120: 72 – 84.

[125] Q Zhou, C Meng, K F Yuen. The impact of secondary market competition on refurbishing authorization strategies [J]. International Journal of Production Economics, 2020, 228: 1 – 15.

[126] R Blundell, R Griffith, J Van Reenen. Market share, market value and innovation in a panel of British manufacturing firms [J]. The Review of Economic Studies, 1999, 66 (3): 529 – 554.

［127］ R C Feenstra, H Ma, D Marin, et al. Optimal choice of product scope for multiproduct firms under monopolistic competition ［M］. Cambridge: Harvard University Press, 2009.

［128］ R C Savaskan, L N Van Wassenhove. Reverse channel design: The case of competing retailers ［J］. Management science, 2006, 52 (1): 1 – 14.

［129］ R Diaz, E Marsillac. Evaluating strategic remanufacturing supply chain decisions ［J］. International Journal of Production Research, 2017, 55 (9): 2522 – 2539.

［130］ R Geyer, V D Blass. The economics of cell phone reuse and recycling ［J］. The International Journal of Advanced Manufacturing Technology, 2010, 47: 515 – 525.

［131］ R Giutini, K Gaudette. Remanufacturing: The next great opportunity for boosting US productivity ［J］. Business Horizons, 2003, 46 (6): 41 – 48.

［132］ R Subramanian, R Subramanyam. Key factors in the market for remanufactured products ［J］. Manufacturing & Service Operations Management, 2013, 14 (2): 315 – 326.

［133］ Savaskan, R Canan, Bhattacharya, et al. Closed-loop supply chain models with product remanufacturing ［J］. Management Science, 2004, 50 (2): 239 – 252.

［134］ S C Bulmus, S X Zhu, R Teunter. Competition for cores in remanufacturing ［J］. European Journal of Operational Research, 2014, 233 (1): 105 – 113.

［135］ S C Bulmuş, S X Zhu, R H Teunter. Optimal core acquisition and pricing strategies for hybrid manufacturing and remanufacturing systems ［J］. International Journal of Production Research, 2014, 52 (22): 6627 – 6641.

［136］ S Du, F Ma, Z Fu, et al. Game-theoretic analysis for an emission-dependent supply chain in a "cap-and-trade" system ［J］. Annals of Operations

Research, 2015, 228 (1): 135 – 149.

[137] S Du, W Tang, M Song. Low-carbon production with low-carbon premium in cap-and-trade regulation [J]. Journal of cleaner production, 2016, 134: 652 – 662.

[138] S G Azevedo, H Carvalho, L M Ferreira, et al. A proposed framework to assess upstream supply chain sustainability [J]. Environ Dev Sustain, 2017, 19 (6): 2253 – 2273.

[139] S Hahler, M Fleischmann. Strategic grading in the product acquisition process of a reverse supply chain [J]. Production and Operations Management, 2017, 26 (8): 1498 – 1511.

[140] S Mazahir, V Verter, T Boyaci, et al. Did europe move in the right direction on e-waste legislation? [J]. Production and Operations Management, 2019, 28 (1): 121 – 139.

[141] S Panda, N M Modak, L E Cárdenas – Barrón. Coordinating a socially responsible closed-loop supply chain with product recycling [J]. International Journal of Production Economics, 2017, 188: 11 – 21.

[142] S – S Gan, I N Pujawan, B Widodo. Pricing decision for new and remanufactured product in a closed-loop supply chain with separate sales-channel [J]. International Journal of Production Economics, 2017, 190: 120 – 132.

[143] T E Goltsos, B Ponte, S Wang, et al. The boomerang returns? Accounting for the impact of uncertainties on the dynamics of remanufacturing systems [J]. International Journal of Production Research, 2019, 57 (23): 7361 – 7394.

[144] T Geylani, A J Dukes, K Srinivasan. Strategic manufacturer response to a dominant retailer [J]. Marketing Science, 2007, 26 (2): 164 – 178.

[145] T G Gutowski, S Sahni, A Boustani, et al. Remanufacturing and

energy savings [J]. Environmental Science & Technology, 2011, 45 (10): 4540 – 4547.

[146] T Gutowski, C Murphy, D Allen, et al. Environmentally benign manufacturing [J]. Baltimore MD: World Technology (WTEC) Division, International Technology Research Institute, 2001.

[147] T – M Choi, Y Li, L Xu. Channel leadership, performance and coordination in closed loop supply chains [J]. International Journal of Production Economics, 2013, 146 (1): 371 – 380.

[148] T Shi, D Chhajed, Z Wan, et al. Distribution channel choice and divisional conflict in remanufacturing operations [J]. Production and Operations Management, 2020, 29 (7): 1702 – 1719.

[149] T Xiao, T – M Choi, T Cheng. Product variety and channel structure strategy for a retailer – Stackelberg supply chain [J]. European Journal of Operational Research, 2014, 233 (1): 114 – 124.

[150] US Department of Energy. Markups analysis [EB/OL]. http://www1. eere. energy. gov, December 12, 2013.

[151] V D R Guide, J Y Li. The potential for cannibalization of new products sales by remanufactured products [J]. Decision Sciences, 2010, 41 (3): 547 – 572.

[152] V Forti, C P Baldé, R Kuehr, et al. The Global E-waste Monitor 2020: Quantities, Flows, and the Circular Economy Potential [M]. Tokyo: United Nations University, 2020.

[153] V Polotski, J – P Kenne, A Gharbi. Production and setup policy optimization for hybrid manufacturing-remanufacturing systems [J]. International Journal of Production Economics, 2017, 183: 322 – 333.

[154] V Tripathi, K Weilerstein, L Mclella. Marketing essentials: What printer OEMs must do to compete against low-cost remanufactured supplies [J].

Gartner Inc: Stamford, CT, USA, 2009.

[155] V V Agrawal, A Atasu, K Van Ittersum. Remanufacturing, third-party competition, and consumers' perceived value of new products [J]. Management Science, 2015, 61 (1): 60 – 72.

[156] V V Agrawal, V M Thomas. Is leasing greener than selling? [J]. Management Science, 2012, 58 (3): 523 – 533.

[157] W – M Ma, Z Zhao, H Ke. Dual-channel closed-loop supply chain with government consumption-subsidy [J]. European Journal of Operational Research, 2013, 226 (2): 221 – 227.

[158] W Yan, Y Xiong, Z Xiong, et al. Bricks vs. clicks: Which is better for marketing remanufactured products? [J]. European Journal of Operational Research, 2015, 242 (2): 434 – 444.

[159] X Chen, H Yang, X Wang, et al. Optimal carbon tax design for achieving low carbon supply chains [J]. Annals of Operations Research, 2020, 9 (1): 1 – 28.

[160] X Chu, Q Zhong, X Li. Reverse channel selection decisions with a joint third-party recycler [J]. International Journal of Production Research, 2018, 56 (18): 5969 – 5981.

[161] X Gong, S X Zhou. Optimal production planning with emissions trading [J]. Operations Research, 2013, 61 (4): 908 – 924.

[162] X Han, H Wu, Q Yang, et al. Reverse channel selection under remanufacturing risks: Balancing profitability and robustness [J]. International Journal of Production Economics, 2016, 182: 63 – 72.

[163] X Han, Q Yang, J Shang, et al. Optimal strategies for trade-old-for-remanufactured programs: Receptivity, durability, and subsidy [J]. International Journal of Production Economics, 2017, 193: 602 – 616.

[164] X Hu, Z Yang, J Sun, et al. Carbon tax or cap-and-trade: Which

is more viable for Chinese remanufacturing industry? [J]. Journal of Cleaner Production, 2020, 243: 1 – 35.

[165] X Li, Y Li, X Cai. Remanufacturing and pricing decisions with random yield and random demand [J]. Computers & Operations Research, 2015, 54: 195 – 203.

[166] X Wang, Y Zhu, H Sun, et al. Production decisions of new and remanufactured products: Implications for low carbon emission economy [J]. Journal of Cleaner Production, 2018, 171: 1225 – 1243.

[167] X Wu, Y Zhou. Buyer-specific versus uniform pricing in a closed-loop supply chain with third-party remanufacturing [J]. European Journal of Operational Research, 2019, 273 (2): 548 – 560.

[168] X Wu, Y Zhou. Does the entry of third-party remanufacturers always hurt original equipment manufacturers? [J]. Decision Sciences, 2016, 47 (4): 762 – 780.

[169] X Xu, W Zhang, P He, et al. Production and pricing problems in make-to-order supply chain with cap-and-trade regulation [J]. Omega, 2017, 66: 248 – 257.

[170] X Zheng, K Govindan, Q Deng, et al. Effects of design for the environment on firms' production and remanufacturing strategies [J]. International Journal of Production Economics, 2019, 213: 217 – 228.

[171] Y Cao, Z Wang. Comparative research on carbon trading and carbon tax mechanism [J]. Theory and Practice of Finance and Economics, 2015, 36 (197): 97 – 102.

[172] Y Chen, B Li, Q Bai, et al. Decision-making and environmental implications under cap-and-trade and take-back regulations [J]. International Journal of Environmental Research and Public Health, 2018, 15 (4): 678 – 703.

［173］Y Tang, Q Zhang, Y Li, et al. Recycling mechanisms and policy suggestions for spent electric vehicles' power battery—a case of Beijing ［J］. Journal of Cleaner Production, 2018, 186: 388 – 406.

［174］Y Wang, B Y Xin, Z Wang, et al. Managing supplier-manufacturer closed-loop supply chain considering product design and take-back legislation ［J］. International Journal of Environmental Research and Public Health, 2019, 16 (4): 623 – 649.

［175］Y Wang, W Chen, B Liu. Manufacturing/remanufacturing decisions for a capital-constrained manufacturer considering carbon emission cap and trade ［J］. Journal of Cleaner Production, 2017, 140: 1118 – 1128.

［176］Y Xiong, Y Zhou, G Li, et al. Don't forget your supplier when remanufacturing ［J］. European Journal of Operational Research, 2013, 230 (1): 15 – 25.

［177］Z – B Zou, J – J Wang, G – S Deng, et al. Third-party remanufacturing mode selection: Outsourcing or authorization? ［J］. Transportation Research Part E: Logistics and Transportation Review, 2016, 87: 1 – 19.

［178］Z Miao, H Mao, K Fu, et al. Remanufacturing with trade-ins under carbon regulations ［J］. Computers & Operations Research, 2018, 89: 253 – 268.